Pierre Bourdieu Gegenfeuer

Pierre Bourdieu

# Gegenfeuer

Wortmeldungen im Dienste des Widerstands
gegen die neoliberale Invasion

Büchergilde Gutenberg

## Inhalt

## Für ein *Regressionsverbot*[1]

Vorwort zur deutschen Ausgabe

Es ist mir sehr daran gelegen, daß die hier versammelten Stellungnahmen, von denen einige ja gerade für ein deutsches Publikum verfaßt worden sind, jene eigentümlichen Verzerrungen und Mißverständnisse vermeiden, die sich aus den Unterschieden unserer nationalen Traditionen ergeben. Dies gilt etwa für gewisse, nicht unberechtigte Vorbehalte gegenüber den »französischen Intellektuellen«, es betrifft aber auch ein manchmal doch sehr bequemes Festhalten am Ideal weltanschaulicher Neutralität, das ich zwar durchaus nachvollziehen kann, dem ich mich selbst lange Zeit untergeordnet habe, das mir aber heute als Weltflucht im Namen der *Wertfreiheit* erscheint, als Versuchung, politischen Fragen ganz gezielt aus dem Weg zu gehen – und damit auf einfachste Art die Anerkennung einer Wissenschaft zu erlangen, die sich vor allem um äußerliche Merkmale ihrer Geltung bemüht.

---

1 Aus dem Französischen übertragen von Andreas Pfeuffer. A.d.Ü.: Hier und im weiteren Textverlauf sind die kursiv gesetzten Begriffe im Original deutsch bzw. englisch.

Wenn ich also diese gelehrte Enthaltsamkeit aufgebe, dann hat das sicher auch mit mir selbst und meinem Werdegang zu tun: das Alter kann manchmal eine gewisse Freiheit mit sich bringen, gerade im Hinblick auf die Sorge um akademische Anerkennung. Entscheidend sind aber unsere gegenwärtigen Zustände, und all jene, die das Glück haben, ihr Leben der Erforschung der gesellschaftlichen Wirklichkeit widmen zu können, sollten hier ihre Zurückhaltung ablegen, um die drängenden Fragen der Zeit mit den Waffen der Wissenschaft entschlossen angehen zu können. Denn ich glaube, daß den europäischen Gesellschaften, und mit ihnen, die ein gar nicht zu überschätzendes Erbe bewahrt haben, auch allen anderen weltweit ein furchtbarer Rückschritt droht. Immer deutlicher sieht man, wie die großen historischen Errungenschaften der sozialen Bewegungen des vergangenen Jahrhunderts nach und nach zunichte werden. Deutschland, das seit den 80er Jahren des vorigen Jahrhunderts mit der Entwicklung seines Sozialstaats, seinem doch recht wirkungsvollen *Arbeitsschutz*, vor allem aber mit dem jenseits der Grenzen oft beneideten Modell der *Mitbestimmung* immer wieder Vorreiter gewesen war, aber auch sein Nachbar Frankreich, der unter anderen Bedingungen und auf anderen Wegen seine Entwicklung im Bereich der Arbeitnehmerrechte weit vorangebracht hatte: beide sind in hohem Maße der fortschreitenden Zerstörung eines zivilisatorischen Modells ausgesetzt, das auf einer zumindest teilweisen Zähmung der archaischen Kräfte des Marktes beruht und auf einer Art stillschweigendem und vorläufigem Pakt zwischen den verschiedenen gesellschaftlichen Gruppen.

Daß dieser Gesellschaftsvertrag in Deutschland wie in Frankreich heute immer mehr aufgekündigt wird, läßt sich überall erkennen, an der Arroganz, mit der die ehernen Gesetze des Liberalismus verkündet und durchgesetzt werden, am massenhaften Anstieg der Arbeitslosigkeit und der Prekarität der Arbeitsverhältnisse, vor allem auch an der unbestreitbaren Verhärtung der Machtbeziehungen im Berufsleben oder der Rückkehr zu jenen Formen sozialen und psychischen Zwangs und Drucks, die man längst für überwunden hielt. Und es besteht gar kein Zweifel, daß die Schaffung eines geeinten Europa in der jetzigen Form seinen Teil zur Zerstörung der sozialen Errungenschaften beiträgt, wenn es ausschließlich ökonomischen Maßstäben folgt und soziale Anliegen keinen Platz in ihm finden. Im Namen dieses Europa, das keine wirkliche und wirksame Sozialcharta besitzt, fordern die Regierungen der Mitgliedsstaaten von ihren Bürgern oft schmerzhafte Kürzungen bei den Transfereinkommen ein, und meist treffen sie die am stärksten benachteiligten Bevölkerungsgruppen, die Langzeitarbeitslosen und Sozialhilfeempfänger. Weil uns ein übernationales Arbeitsrecht fehlt, entsteht nun jener zerstörerische Wettbewerb zwischen Ländern, deren soziale Sicherungen bislang noch sehr ungleich entwickelt sind, eine negative Anpassungsspirale der sozialen Rechte, ein *social dumping*, das der Wiederkehr des *Sozialchauvinismus* Tür und Tor öffnet.

Dieses Europa hat keine andere Utopie als jene, die sich zwangsläufig aus den Unternehmensbilanzen und Buchführungen ergibt, kein positives Projekt, nur das der *shareholders*, denen es nur noch um maximale Renditen geht, denen Bildung und Kultur nur noch als Produktionsfaktor in den Sinn kommen (und Tony Blair und seinen Berater Tony Giddens so gerne von einer »Aufwertung des Humankapitals« sprechen läßt). Wie soll man sich da noch wundern, daß dieses Europa kaum mehr als Gleichgültigkeit, Enttäuschung und schließlich die Wiederkunft nationalistischen Gedankenguts hervorruft? Man muß schon sehr unbedarft sein, um zu glauben, daß allein die gemeinsame Währung und die Öffnung der Märkte (wie es uns manche Leute mit einer gehörigen Portion Zynismus glauben machen wollen), das Kräftespiel des ungezügelten Kapitalismus, dem sie faktisch Vorschub leisten, aus diesem so wenig europäischen, jedenfalls ohne echte »Europäer« dastehenden

Europa etwas anderes machen könnten als ein bürokratisches Kunstprodukt, das jeder politischen Unabhängigkeit gegenüber den internationalen Wirtschaftskräften entbehren muß.

Es ist höchste Zeit, die Voraussetzungen für den kollektiven Entwurf einer sozialen Utopie zu schaffen, die in gemeinsamen historischen Traditionen und zivilisatorischen Werten wurzelt, und man sollte dabei nicht aus den Augen verlieren, was diese Traditionen der Existenz eines Staates zu verdanken haben, der als erster zur Förderung und Verteidigung des Gemeinwohls in der Lage ist. Nur einer grenzüberschreitenden sozialen Bewegung aber, deren erste Gehversuche die internationale Solidarität mit den französischen und deutschen Streiks von 1995 und 1996, mit den Arbeitslosenbewegungen oder auch den studentischen Protesten bezeugen, nur einer Öffentlichkeit europäischen Ausmaßes und Gewichts also, die ein gemeinsames, grenzüberschreitendes Problembewußtsein jenseits der üblichen Oppositionen und Solidaritäten schafft, wird es schließlich gelingen, Schritt für Schritt zur Verwirklichung der politischen, rechtlichen und kulturellen Voraussetzungen eines europäischen Sozialstaats beitragen zu können.

## An den Leser[1]

ICH HABE MICH zur Publikation der hier gesammelten und bis dato größtenteils unveröffentlichten Texte entschlossen, weil ich das Gefühl habe, daß die Gefahren, derentwegen die Gegenfeuer entfacht wurden, denen diese Texte Nahrung geben sollen, nicht nur punktuell und zufällig auftreten. Diese Argumente sind sicherlich, mehr als methodisch aufgebaute Schriften, der Gefahr ausgesetzt, aufgrund der Verschiedenheit der Umstände, unter denen sie entstanden sind, kein einheitliches Ganzes zu bilden. Aber ich denke, daß sie dennoch denen als nützliche Waffe dienen können, die es auf sich nehmen, sich der neoliberalen Heimsuchung entgegenzustellen.[2]

---

1 Aus dem Französischen übertragen von Jörg Ohnacker.

2 Trotz des Risikos, Brüche in Ton und Stil in Kauf nehmen zu müssen, sind die vorliegenden Texte in chronologischer Reihenfolge geordnet. Durch dieses Vorgehen soll der historische Kontext dieser Beiträge hervorgehoben werden, die, ohne sich nur auf einen einzigen Kontext zu beziehen, nie den geschwätzigen und vagen Allgemeinplätzen der sogenannten »politischen Philosophie« huldigen. An manchen Stellen habe ich bibliographische Hinweise angefügt, die es dem Leser ermöglichen sollen, die vorgeschlagene Argumentation weiter zu verfolgen.

Ich habe keinen Hang zu prophetischen Stellungnahmen und habe immer Gelegenheiten mißtraut, die mich hätten dazu verleiten können, situationsbedingt oder aus Solidarität die Grenzen meiner Kompetenz zu überschreiten. Ich hätte mich demzufolge auch hier nicht mittels öffentlicher Stellungnahmen engagiert, wenn ich nicht immer das – vielleicht illusorische – Gefühl gehabt hätte, durch eine Art legitimer Wut, welche in mancherlei Hinsicht auch einem Pflichtgefühl nahekommt, dazu gezwungen zu sein.

Das Ideal des kollektiven Intellektuellen, nach dem ich mich immer zu richten versucht habe, wenn ich mit anderen in dieser oder jener Frage einen gemeinsamen Nenner finden konnte, ist nicht immer leicht umzusetzen.[1] Und wenn ich mich, um etwas zu bewirken, manchmal persönlich und im eigenen Namen engagiert habe, geschah das immer in der Hoffnung, daß,

---

1 Von allen kollektiv verfaßten Beiträgen, an denen ich beteiligt war, vor allem in Zusammenarbeit mit der *Association de réflexion sur les enseignements supérieurs et la récherche* (ARESER – Verein zum Überdenken der Situation des höheren Bildungswesens und der Forschung), dem *Comité international de soutien aux intellectuels algériens* (CISIA – Internationales Unterstützungskomitee für algerische Intellektuelle) und dem internationalen Schriftstellerparlament (von dem ich mich mittlerweile distanziert habe), ist hier lediglich der in *Libération* erschienene Artikel »Das Fremdenschicksal als Schibboleth« übernommen worden, und zwar in Absprache mit meinen genannten (Jean-Pierre Alaux) und ungenannten Ko-Autoren (Christophe Daadouch, Marc-Antoine Lévy, Danièle Lochak). Letztere sind Opfer der spontanen und äußerst banalen Zensur, die von den für sogenannte freie Kommentare in den Zeitungen verantwortlichen Journalisten ausgeübt wird. Diese sind ständig auf der Jagd nach dem symbolischen Kapital, das mit bestimmten Namen verbunden wird, und schätzen keine Beiträge, die mit einem Sigel oder mit mehreren Namen unterzeichnet sind – dies stellt eines der wesentlichen Hindernisse bei der Schaffung des kollektiven Intellektuellen dar –, und werden so dazu verleitet, ihnen unbekannte Namen entweder nach Übereinkunft oder, wie hier geschehen, ohne weitere Absprache einfach zu streichen.

selbst wenn dadurch auch keine Mobilmachung oder vielleicht sogar eine dieser im Grunde gegenstandslosen Debatten auszulösen ist, die in regelmäßigen Abständen in der Medienwelt stattfinden, dann doch wenigstens der Anschein von Einstimmigkeit durchbrochen wird, der das wesentliche Element der symbolischen Stärke des herrschenden Diskurses ausmacht.

## Die rechte und die linke Hand des Staates[1]

**Frage** – *Eine der letzten Nummern von* Actes de la Recherche, *der Zeitschrift, die Sie herausgeben, hatte das Leiden zum Thema.*[2] *Es finden sich dort mehrere Gespräche mit Menschen, die in den Medien nicht zu Wort kommen: Jugendliche aus benachteiligten Vorstädten, Kleinbauern, Sozialarbeiter. Der Direktor einer weiterführenden Schule berichtet zum Beispiel über seine bitteren persönlichen Erfahrungen: anstatt für die Vermittlung von Wissen zu sorgen, ist er gegen seinen Willen zu einer Art Polizeikommissar geworden. Glauben Sie, daß solch individuelle und anekdotenhafte Zeugnisse das Verständnis eines kollektiven Unbehagens ermöglichen?*

**P. B.** – Bei unserer Untersuchung über das Leiden an der Gesellschaft treffen wir auf viele Menschen, die, wie dieser Schuldirektor, den Widersprüchen der gesellschaftlichen Welt ausgesetzt sind, die sie als persönliche Dramen erleben. Ich könnte

---

1 Interview mit R. P. Droit und T. Ferenczi, erschienen in *Le Monde* am 14. Januar 1992. Aus dem Französischen von Jörg Ohnacker.

2 »La souffrance«, *Actes de la recherche en sciences sociales*, 90, Dezember 1991. Vgl. auch P. Bourdieu et al., *Das Elend der Welt*, Konstanz, UVK Universitätsverlag Konstanz, 1997.

ebenso den Projektleiter zitieren, der mit der Koordination aller Maßnahmen in einem »schwierigen Viertel« einer nordfranzösischen Kleinstadt beauftragt ist. Er ist mit Widersprüchen konfrontiert, die das Extrem derer darstellen, denen momentan all diejenigen ausgesetzt sind, die man als »Sozialarbeiter« bezeichnet: Familienhelfer, Erzieher, kleine Beamte und auch, in steigendem Maße, die Lehrer der verschiedenen Schultypen. Sie stellen das dar, was ich als die linke Hand des Staates bezeichne, die Gesamtheit der Bediensteten der sogenannten kostenverursachenden Ministerien, die innerhalb des Staates aus den gesellschaftlichen Auseinandersetzungen der Vergangenheit hervorgegangen sind. Sie stehen in Opposition zum Staat der rechten Hand, zu den Absolventen der Kaderschulen im Finanzministerium, in den öffentlichen oder privaten Banken und den ministeriellen Kabinetten. In vielen sozialen Bewegungen, die wir miterleben (und miterleben werden), kommt die Revolte des niederen Staatsadels gegen den hohen Staatsadel[1] zum Ausdruck.

***Frage** – Wie erklären Sie diese Erbitterung, diese Formen von Hoffnungslosigkeit und diese Auflehnung?*

**P. B.** – Ich denke, daß die linke Hand des Staates das Gefühl hat, daß die rechte Hand nicht mehr weiß, oder schlimmer, nicht wirklich wissen will, was die linke Hand tut. Auf jeden Fall will sie den Preis dafür nicht bezahlen. Ein Hauptgrund für die Verzweiflung all dieser Menschen ist die Tatsache, daß der Staat sich aus einer Anzahl von Bereichen des gesellschaftlichen Lebens, die ihm oblagen und für die er verantwortlich war, zurückgezogen hat oder im Begriff ist, dies zu tun: der öffentliche Wohnungsbau, das öffentliche Fernsehen und Radio, die öffent-

1 Anspielung auf Pierre Bourdieus Buch *The State Nobility. Elite Schools in the Field of Power*, Cambridge, Polity Press, 1996.

lichen Schulen, die öffentlichen Krankenhäuser usw. Dieses Verhalten ist, wenigstens für einige, um so schockierender bzw. skandalöser, als es sich um einen Staat unter sozialistischer Regierung handelt, von dem man mindestens erwarten könnte, daß er als Garant dafür auftritt, daß öffentliche Dienstleistungen unterschiedlos für alle offen zur Verfügung stehen ... Das, was als Krise der Politik, als Antiparlamentarismus bezeichnet wird, ist in Wirklichkeit ein Verzweifeln am Staat als Verantwortlichem für das öffentliche Interesse.

An dem Umstand, daß die Sozialisten nicht so sozialistisch waren, wie sie vorgaben, hat niemand Anstoß genommen: die Zeiten sind hart, und es gibt kaum Spielraum zum Manövrieren. Überraschend ist jedoch, in welchem Maß sie am Abbau der öffentlichen Aufgaben mitgewirkt haben: zunächst durch Tatsachen, d.h. alle möglichen Maßnahmen und politischen Schritte (ich nenne hier nur die Medien) zur Aufhebung der Errungenschaften des *welfare state* und, vielleicht vor allem, durch den öffentlichen Diskurs mit den Lobreden auf die Privatunternehmen (als ob Unternehmergeist nur in Unternehmen aktiv werden könnte) und der Ermutigung zur Durchsetzung von Privatinteressen. All dies überrascht vor allem diejenigen, die man in die vordersten Linien schickt, um die sogenannten »sozialen« Funktionen auszuüben und Abhilfe bei den gröbsten Mängeln der Logik des Marktes zu schaffen, ohne daß ihnen die Mittel zur Verfügung gestellt werden, ihrer Aufgabe wirklich gerecht zu werden. Müssen sie sich nicht zwangsläufig permanent angeschmiert und im Stich gelassen fühlen?

Man hätte längst begreifen müssen, daß die Ursachen ihrer Auflehnung weit über Gehaltsfragen hinausgehen, auch wenn das jeweils zugestandene Salär ein hervorragendes Indiz für den der Arbeit und den entsprechenden Arbeitskräften zugebilligten Wert ist. Die Geringschätzung einer Tätigkeit zeigt sich in erster Linie an der mehr oder minder lächerlichen Entlohnung, die ihr zuteil wird.

***Frage** – Glauben Sie, daß der Handlungsspielraum der politisch Verantwortlichen wirklich so gering ist?*

**P. B.** – Natürlich ist er größer als vorgegeben wird. Und es bleibt auf alle Fälle ein Bereich, in dem die Regierenden unbeschränkten Spielraum haben: der des Symbolischen. Ein vorbildliches Verhalten muß sich auf alle Bediensteten des Staates übertragen, vor allem, wenn dieser für sich die Tradition in Anspruch nimmt, den Interessen der Schwächsten zu dienen. Aber daran kann man nur zweifeln, wenn man sich die Beispiele von Korruption (die, im Falle der Prämien für gewisse hohe Beamte, manchmal geradezu einen offiziellen Charakter hat) oder von Verrat an den öffentlichen Dienstleistungen (der Ausdruck ist natürlich zu stark: ich denke eher an pantouflage[1]) ansieht sowie den ganzen Mißbrauch von Gütern, Vorteilen und öffentlichen Dienstleistungen zu privaten Zwecken: Vetternwirtschaft, Günstlingswirtschaft (unsere Machthaber besitzen viele »persönliche Freunde«[2]), Klientenwirtschaft.

Und dabei spreche ich noch nicht einmal von den symbolischen Profiten! Das Fernsehen hat zweifellos genauso wie die Schmiergelder zum Verfall der staatsbürgerlichen Tugenden beigetragen. Es hat geltungssüchtige Charaktere auf die politische und intellektuelle Bühne gehoben, deren Hauptanliegen darin besteht, gesehen und zur Geltung gebracht zu werden; damit stehen sie im krassen Gegensatz zu den Werten dieses

1 Der französische Begriff *pantouflage* (von pantoufle: Pantoffel, Hausschuhe) steht für die in Frankreich verbreitete Praxis der Zirkulation der Eliten zwischen öffentlichem und privatwirtschaftlichem Sektor. Im Deutschen gibt es hierfür keinen äquivalenten Begriff; deshalb wurde der französische Ausdruck beibehalten.

2 Der ehemalige französische Staatspräsident François Mitterrand wurde oft für seine »treue Freundschaft« gelobt, und will man den Zeitungen glauben, bestand das Hauptanliegen vieler, die auf wichtige Posten berufen wurden, darin, zu seinen »persönlichen Freunden« zu zählen.

seltsamen Dienstes am Allgemeinwohl, die einst den Beamten oder aktiven Politiker ausmachten. Aus dem gleichen egoistischen Anliegen, sich zur Geltung zu bringen (oftmals auf Kosten von Rivalen), läßt sich erklären, warum die »Ankündigungseffekte«[1] zu einer gängigen Praxis geworden sind. Für viele Minister taugt eine Maßnahme anscheinend nur dann etwas, wenn sie unmittelbar nach ihrem Bekanntwerden als bereits realisiert angekündigt werden kann. Kurz gesagt sind die großen Korruptionsaffären, deren Enthüllung Skandale verursachen, weil sie die Kluft zwischen den propagierten Tugenden und der Praxis offenbaren, nur die Spitze des Eisbergs all der kleinen, gewöhnlichen »Schwächen« wie die Zurschaustellung von Luxus und die eifrige Inanspruchnahme von materiellen oder symbolischen Privilegien.

***Frage** – Wie sehen Sie die Reaktion der Bürger angesichts der von Ihnen beschriebenen Situation?*

**P. B.** – Ich habe vor kurzem den Artikel eines deutschen Autors über das alte Ägypten gelesen. Darin wird gezeigt, wie während einer Epoche der staatlichen Vertrauenskrise zwei Dinge aufblühten: bei den Herrschenden war es die Korruption, die mit dem Niedergang der Hochachtung öffentlicher Angelegenheiten einherging, und bei den Beherrschten war es die Religiosität des Einzelnen, die mit der Hoffnungslosigkeit in Bezug auf die irdischen Güter zusammenhing. Ebenso hat man auch heute den Eindruck, daß der Bürger, der sich vom Staat (der im Grunde nur die obligaten finanziellen Abgaben und nicht etwa Einsatzbereitschaft oder Begeisterung einfordert) ausgestoßen

---

1 Der Ausdruck »Ankündigungseffekte« steht für die Tatsache, daß ein Minister (im Stile Jack Langs) sein politisches Handeln auf das ostentative Ankündigen spektakulärer Entscheidungen beschränkt, welches dann wirkungslos verpufft.

fühlt, seinerseits den Staat zurückweist und ihn als eine fremde Macht behandelt, die er bestmöglich zur Wahrung seiner eigenen Interessen benutzt.

***Frage** – Sie sprachen vom unbeschränkten Spielraum der Regierenden im Bereich des Symbolischen. Dieser beinhaltet ja nicht nur die als Beispiele genannten Verhaltensweisen. Es geht dabei auch um Losungen und Ideale, die Kräfte freisetzen können. Warum gibt es in diesem Punkt momentan Schwächen?*

**P. B.** – Es ist viel von der Sprachlosigkeit der Intellektuellen gesprochen worden. Mich dagegen frappiert die Sprachlosigkeit der Politiker, bei denen ein großer Mangel an mobilisierenden Idealen herrscht. Der Grund dafür ist zweifellos, daß die Professionalisierung der Politik und die Bedingungen, denen sich diejenigen zu unterwerfen haben, die Parteikarriere machen möchten, sich berufen fühlende Persönlichkeiten mehr und mehr ausschließen. Dazu kommt ebenso, daß die Definition politischen Handelns sich mit dem Auftreten von Persönlichkeiten geändert hat, die in den Hochschulen für Politikwissenschaften gelernt haben, daß man, um seriös zu wirken oder einfach um den Anschein zu vermeiden, man sei von gestern, besser von Verwaltung als von Selbstverwaltung spricht und sich auf jeden Fall den Anschein (das heißt die Sprache) ökonomischer Vernunft zulegen sollte.

Als Gefangene eines engstirnigen und kurzsichtigen Ökonomismus im Stile der Weltsicht des IWF, dessen verheerende Auswirkungen sich bereits am Beispiel des Nord-Süd-Gefälles zeigen (und weiterhin zeigen werden), versäumen es diese auf dem Fachgebiet der Ökonomie nur halbgelehrten Politiker natürlich, die kurzfristigen und vor allem langfristigen Realkosten der materiellen und moralischen Misere einzubeziehen, die als einzig sichere Folge der ökonomisch legitimierten *Realpolitik* zu sehen ist: Delinquenz, Kriminalität, Alkoholismus, Verkehrsunfälle usw. Auch hier ignoriert die rechte Hand, besessen von der Frage des finanziellen Gleichgewichts, das Tun der linken Hand, die mit den oft äußerst kostspieligen gesellschaftlichen Folgen der »Haushaltseinsparungen« konfrontiert ist.

***Frage*** – *Sind die Werte, auf die sich die Handlungen und Leistungen des Staates einmal gestützt haben, nicht mehr glaubwürdig?*

**P. B.** – Sie werden oft zuerst von denen in den Schmutz gezogen, die eigentlich ihre Hüter sein sollten. Der Kongreß von Rennes[1] und das Amnestiegesetz[2] haben mehr zur Diskreditierung der Sozialisten beigetragen, als zehn Jahre antisozialistischer Kampagnen. Und ein »umgedrehter« (in jeglichem Sinn des Wortes) politischer Aktivist richtet mehr Schaden an als zehn Gegner. Aber zehn Jahre sozialistischer Macht haben es fertiggebracht, den Glauben an den Staat zu vernichten und die Zerschlagung des Wohlfahrtsstaates zu vollenden, die in den siebziger Jahren im Namen des Liberalismus eingeleitet wurde. Ich denke hier vor allem an die Wohnungspolitik.[3] Ihr erklärtes Ziel war es, das Kleinbürgertum aus dem gemeineigenen Wohnraum (und damit aus dem »Kollektivismus«) herauszulösen und es an den Privatbesitz von Einfamilienhäusern oder Eigentumswohnungen zu binden. Diese Politik ist in einer Hinsicht nur allzu gut gelungen. Ihre Vollendung veran-

---

1 Anläßlich des Kongresses von Rennes kam es zu verheerenden Konflikten zwischen den Anführern der großen Strömungen innerhalb der Sozialistischen Partei Frankreichs: Lionel Jospin, Laurent Fabius und Michel Rocard.

2 Das Amnestiegesetz wurde insbesondere auf die Generäle angewandt, die der französischen Armee in Algerien vorstanden und für den Putsch gegen die Regierung von General de Gaulle verantwortlich waren.

3 Vgl. P. Bourdieu et al., »L'économie de la maison«, *Actes de la recherche en sciences sociales*, 81–82, März 1990; vgl. auch Bourdieu, P.: Der Einzige und sein Eigenheim, Hamburg, VSA, in Vorbereitung.

schaulicht das, was ich gerade über die sozialen Folgekosten bestimmter Wirtschaftsformen gesagt habe, denn sie ist zweifellos die Hauptursache für die räumliche Segregation und damit für die sogenannten Probleme der »banlieues« (Vorstädte).

***Frage** – Wollte man ein Ideal definieren, dann wäre das die Rückkehr zur eigentlichen Bedeutung des Staates, zur res publica. Da teilen Sie aber nicht die vorherrschende Meinung.*

**P. B.** – Wessen Meinung ist denn vorherrschend? Die von Zeitungsschreibern, die von Intellektuellen, die »weniger Staat« predigen und, ein wenig voreilig, die Öffentlichkeit und das Interesse der Öffentlichkeit für die Öffentlichkeit zu Grabe tragen … Wir haben hier ein typisches Beispiel für jenen Effekt geteilten Glaubens, der durchaus diskussionswürdige Thesen sofort aus der Diskussion ausschließt. Man müßte die kollektive Arbeit der »neuen Intellektuellen« analysieren, durch die ein Klima geschaffen wurde, das den Rückzug des Staates und, in noch größerem Maße, die Unterordnung unter die Werte der Ökonomie begünstigt hat. Ich denke auch an das, was allgemein als »die Wiederkehr des Individualismus« bezeichnet wird; dabei handelt es sich um eine Art sich selbst verwirklichender Prophezeiung, die darauf abzielt, die philosophischen Fundamente des *welfare state* und, vor allem, den Begriff von kollektiver Verantwortung (im Fall eines Arbeitsunfalles, bei Krankheit oder Not) zu zerstören, der eine grundlegende Errungenschaft gesellschaftlichen (und soziologischen) Denkens ist. Es ist auch die Rückkehr zum Individuum, die es ermöglicht, »das Opfer zu tadeln«, das für sein Unglück allein verantwortlich ist, und ihm die *selfhelp* zu predigen, und dies alles unter dem Deckmantel der endlos beschworenen Notwendigkeit, die Unternehmenskosten zu senken.

Durch die nachträgliche Panikreaktion auf die Krise von 68, die als symbolische Revolution all die kleinen Träger kulturellen Kapitals durchgeschüttelt hat, wurden (auch mit dem verstärkenden Effekt des – unerwarteten! – Zusammenbruchs der Regime sowjetischer Machart) günstige Bedingungen für die kulturelle Restauration geschaffen, in deren Verlauf das »Mao-Denken« vom »Denken im Stile von ›science-po‹«[1] abgelöst wurde. Innerhalb der intellektuellen Welt wird heute ein Kampf ausgetragen, der zum Ziel hat, den »neuen Intellektuellen« zu schaffen und durchzusetzen; dies bedeutet eine Neudefinition des Intellektuellen und seiner politischen Rolle, eine Neudefinition der Philosophie und des Philosophen, der fürderhin sein Betätigungsfeld in unbestimmten Debatten über eine politische Philosophie ohne fachlichen Charakter, über eine auf die Politologie der Wahlabende reduzierte Gesellschaftswissenschaft und in unkritischen Kommentaren zu unwissenschaftlichen kommerziellen Meinungsumfragen findet. Plato bezeichnete diese Menschen mit dem großartigen Ausdruck Doxosoph: dieser »Meinungstechnologe, der sich für wissenschaftlich hält« (ich gebe hier die dreifache Bedeutung des Wortes wieder) stellt politische Probleme in denselben Termini dar, in denen sie von Geschäftsleuten, Politikern und auf Politik spezialisierten Journalisten dargestellt werden (von genau denen also, die Umfragen in Auftrag geben können).

***Frage** – Sie haben gerade Plato erwähnt. Nähert sich die Haltung des Soziologen der des Philosophen an?*

**P. B.** – Im Gegensatz zum Doxosophen stellen der Soziologe und der Philosoph das Augenscheinliche in Frage, und dies vor allem, wenn es sich in der Form von Fragen, und nicht zuletzt

1 A.d.Ü.: Das *Institut d'Etudes Politiques* in Paris ist eine der Hochburgen für die Rekrutierung der bürokratisch-technokratischen Politelite Frankreichs, welche hinsichtlich der skizzierten Phänomene eines Verfalls des Öffentlichen durchaus eine führende, aktive Rolle beanspruchen kann.

der eigenen, präsentiert. Das schockiert den Doxosophen, der es als politisches Vorurteil ansieht, wenn die durch und durch politische Unterordnung in Gestalt einer unbewußten Übernahme von Allgemeinplätzen im aristotelischen Sinn abgelehnt wird: Begriffe oder Thesen, *mit* denen argumentiert wird, *über* die man aber nicht diskutiert.

***Frage*** *– Neigen Sie nicht dazu, den Soziologen sozusagen zum König der Philosophen zu machen, der als einziger die wahren Probleme kennt?*

**P. B.** – Ich verteidige zuallererst die Möglichkeit und Notwendigkeit des kritischen Intellektuellen und vor allem die Kritik an der von den Doxosophen abgesonderten intellektuellen doxa. Eine wahrhaftige Demokratie ist ohne wirklich kritische Gegenmacht nicht möglich. Der Intellektuelle gehört in vorderster Linie dazu. Deshalb erachte ich die Demontage des lebenden oder toten kritischen Intellektuellen – Marx, Nietzsche, Sartre, Foucault und einige andere, die allesamt unter dem Etikett »68-Denken«[1] geführt werden – als genauso gefährlich wie den Abbau der res publica: sie fällt unter dieselben globalen Bestrebungen der Restauration. Ich würde es natürlich vorziehen, wenn alle Intellektuellen immer auf der Höhe der immensen historischen Verantwortung gewesen wären, die ihnen obliegt, und bei ihren Handlungen nicht nur ihre moralische Autorität, sondern auch ihre intellektuelle Kompetenz eingebracht hätten – so wie, um nur ein Beispiel zu nennen, Pierre Vidal-Naquet, der seine gesamten Kenntnisse wissenschaftlicher historischer Methoden in eine Kritik des Mißbrauchs von Geschichte eingebracht hat[2]. Was dies bedeutet,

---

1 Anspielung auf Luc Ferrys und Alain Renauts Buch *La pensée 68*, Paris, Gallimard, 1985.

2 P. Vidal-Naquet, *Les Juifs, la mémoire et le présent*, Paris, La Découverte, Bd. 1, 1981; Bd. 2, 1991.

veranschaulicht ein Zitat von Karl Kraus: »Ich weigere mich, zwischen zwei Übeln das kleinere zu wählen«. Ich habe schon wenig Verständnis für die »unverantwortlichen« Intellektuellen, aber noch mehr lehne ich jene »intellektuellen« Verantwortungsträger ab, diese Viel- und Schnellschreiber, die ihre Jahresproduktion an Papierausstoß zwischen zwei Verwaltungsratssitzungen, drei Presseempfängen und ein paar Auftritten im Fernsehen erledigen.

***Frage** – Welche Rolle würden Sie sich denn für die Intellektuellen wünschen, vor allem im Hinblick auf die Zukunft Europas?*

**P. B.** – Ich wünsche mir, daß die Schriftsteller, die Künstler, die Philosophen und die Wissenschaftler sich zu allen Bereichen des öffentlichen Lebens, in denen sie kompetent sind, Gehör verschaffen können. Ich denke, wir alle könnten viel gewinnen, würde die Logik des intellektuellen Lebens, die Logik von Argumentation und Widerlegung, ihren Einzug in die Öffentlichkeit halten. Heute herrscht dort die Logik der Politik, die der Denunzierung und Diffamierung, der »Sloganisierung« und Verfälschung des Denkens der Widersacher, die sich oft auch auf das intellektuelle Leben erstreckt. Es wäre gut, wenn die »schöpferischen Geister« ihre Funktion im Dienst der Öffentlichkeit und für das öffentliche Wohl erfüllen könnten.

Paris, Dezember 1991

## Sollers »tel quel«[1]

SOLLERS[2] »TEL QUEL«, so wie er ist, der einzig Wahre. Welch seltenes spinozistisches Vergnügen an der Wahrheit und der Notwendigkeit, das sich im Bekenntnis des Titels »Balladur[3] tel quel« erfüllt und enthüllt, ein Titel, fast zu schön, um wahr zu sein, mit hoher symbolischer Dichte, der einen ganzen Weg beschreibt: von *Tel Quel* zu Balladur, von der nachgemachten literarischen (und politischen) Avant-Garde zur authentischen politischen Nachhut.

Eingeweihte würden es vorsichtiger ausdrücken: nämlich diejenigen, die seit langem wissen, daß das, was Sollers dem Präsidentschaftskandidaten mit einer seit der Zeit Napoleons III. nicht mehr gesehenen Geste vor die Füße geworfen hat, keine Literatur und noch weniger Avant-Garde darstellt, sondern viel-

---

1 Dieser Text erschien in *Libération* vom 27. Januar 1995 als Reaktion auf die Veröffentlichung des Artikels »Balladur tel quel« in *L'Express* vom 12. Januar 1995. Aus dem Französischen übertragen von Jörg Ohnacker.

2 Philippe Sollers ist ein französischer Schriftsteller sowie der Gründer und Leiter der französischen Zeitschrift *Tel quel*.

3 Balladur ist Mitglied der französischen konservativen Partei *RPR* und war bei der Präsidentschaftswahl Gegenkandidat von Jacques Chirac und Lionel Jospin.

mehr das Trugbild von Literatur und Avant-Garde ist. Aber dieser falsche Schein eignet sich gut dazu, diejenigen zu täuschen, für die sein Diskurs eigentlich bestimmt ist und denen er als zynischer Höfling schmeicheln will, nämlich die Balladur-Anhänger und seine Bewunderer unter den Absolventen der Elitehochschulen, die mittels halbfertiger Thesen und der Teilnahme an Botschaftsempfängen den Anschein von Bildung im Sinne von *»science-po«*[1] vermitteln möchten. Dies gilt auch für all die Meister des falschen Scheins, die sich zu entsprechenden Gelegenheiten rund um *Tel Quel* eingefunden haben: man gibt sich den Anschein eines Schriftstellers, oder eines Philosophen, oder eines Linguisten, oder auch alles auf einmal, gerade wenn man nichts ist und nichts von alldem versteht. Das ist wie im Witz, in dem man zwar die Melodie der Bildung kennt, nicht aber den dazugehörigen Text: man kann die Gesten des großen Schriftstellers nur *nachäffen*, und, für einen Augenblick, sogar den Literaturbetrieb in Angst und Schrecken versetzen. Und in dem Maße, in dem solch ein skrupelloser Tartuffe des Kunstkultes seinen Schwindel mit Erfolg aufzieht, kann er dann spotten, erniedrigen und auf dem Erbe aus zweihundert Jahren Kampf um die Autonomie des literarischen Mikrokosmos herumtrampeln, indem er es der kulturell und politisch minderwertigsten Macht vor die Füße wirft. Gleichzeitig prostituiert er damit all die – oft heroischen – Autoren, auf die er sich in seiner Eigenschaft als Literaturkritiker[2] für halboffizielle Zeitungen und Zeitschriften beruft, von Voltaire über Proust bis Joyce.

Der Kult risikoloser Tabuverletzungen, der die Libertinage auf ihre erotische Dimension reduziert, führt dazu, daß eine

---

1 A.d.Ü.: Das *Institut d'Etudes Politiques* in Paris ist eine der Hochburgen für die Rekrutierung der bürokratisch-technokratischen Politelite Frankreichs.

2 Sollers hat in *Le Monde* eine ständige Rubrik, in der er Literaturkritiken schreibt. Er ist bekannt für seine Seilschaften.

der schönen Künste in die Hand des Zynismus fällt. Indem das postmoderne *»anything goes«* zur Lebensregel erhoben wird und man sich erlaubt, gleichzeitig oder sukzessive alle Register zu ziehen, versetzt man sich in die Lage, »alles zu bekommen und nichts dafür zu zahlen«: die Kritik an der Sensationsgesellschaft und den Starrummel der Medien[1], den Kult um de Sade und die Ehrfurcht vor Johannes Paul II, die revolutionären Glaubensbekenntnisse und die Verteidigung der Rechtschreibung, die Weihe des Schriftstellers und das Massaker an der Literatur (ich denke dabei an *Femmes*).

Der sich da als Inkarnation der Freiheit ausgibt und dies dementsprechend auslebt, hat sich immer, wie ein Eisenspan, nach den Kräften des Magnetfeldes gerichtet. Entsprechend dem Vorbild und der Vorgabe all der politischen Wendemanöver der Ära Mitterrand, der möglicherweise für die Politik und, genauer gesagt, für den Sozialismus das dargestellt hat, was Sollers für die Literatur und, genauer gesagt, für die Avant-Garde war, wurde er von allen politischen und literarischen Illusionen und Desillusionen der Zeit getragen. Sein Weg, der eigentlich die *Ausnahme*[2] sein sollte, ist in Wahrheit statistisch modal, das heißt banal und dient somit als Beispiel für die Karriere eines Schriftstellers ohne besondere Fähigkeiten in einer Zeit der politischen und literarischen *Restauration*: er ist die idealtypische Inkarnation der individuellen und kollektiven Geschichte einer ganzen Generation ehrgeiziger Schriftsteller und all derjenigen, die in knapp dreißig Jahren vom maoistischen oder trotzkistischen Terrorismus in die Machtpositionen der Banken, Versicherungen, der Politik oder des Journalismus übergewechselt sind und ihm deshalb gerne mit Nachsicht begegnen.

---

1 Sollers ist gleichzeitig ein großer Bewunderer der Werke Guy Debords und unermüdlicher Gast in jedweder Art von Fernsehsendungen.

2 Sollers hat ein Buch mit dem Titel *Théorie des exceptions* (Theorie der Ausnahmen) geschrieben.

Seine Originalität – es gibt sie – besteht im Folgenden: er hat sich zum Theoretiker der Tugenden der Verleugnung und des Verrates gemacht und, mittels einer erstaunlichen und selbstgerechten Kehrtwendung, all diejenigen in die Ecke des Dogmatismus, des Archaismus und damit des Terrorismus gedrängt, die sich mit dem neuen, befreiten und von allem losgelösten Stil nicht identifizieren wollen. Seine unzähligen öffentlichen Auftritte sind samt und sonders Verherrlichungen der Unstetigkeit oder, besser gesagt, einer *doppelten Unstetigkeit,* die wie dafür geschaffen ist, die bürgerliche Sichtweise künstlerischer Revolten zu bestärken, und die, über eine doppelte Kehrtwendung oder eine zweifache Halbrevolution, zum Ausgangspunkt und zum »Sturm und Drang« des jungen Provinzbürgers zurückführt, für den Mauriac und Aragon Vorworte geschrieben haben.

Paris, Januar 1995

## Fremdenschicksal als Schibboleth[1]

Bei der Frage, welchen Status Frankreich den Fremden zugesteht, handelt es sich keinesfalls um ein »Detail«. Es geht hier vielmehr um ein falsch dargestelltes Problem, das unglücklicherweise im Lauf der politischen Auseinandersetzung in den Rang einer zentralen und denkbar schlecht gestellten Frage aufgerückt ist.

Aus der Überzeugung heraus, daß es von grundlegender Bedeutung ist, die einzelnen Kandidaten zu den Präsidentschaftswahlen zu einer klaren Stellungnahme bezüglich dieser Frage zu zwingen, hat die Gruppe zur Prüfung der Wahlprogramme bezüglich der Fremdenpolitik in Frankreich *(GEPEF)* eine Erfahrung gemacht, deren Ergebnisse der Öffentlichkeit zugäng-

1 Dieser Text wurde am 3. Mai 1995 unter Jean-Pierre Alaux und meinem Namen in *Libération* veröffentlicht. Er präsentiert das Ergebnis der Umfrage, die die Gruppe zur Prüfung der Wahlprogramme bezüglich der Fremdenpolitik in Frankreich *(Groupe d'examen des programmes électoraux sur les étrangers en France – GEPEF)* im März 1995 bei acht Kandidaten für die Präsidentschaftswahlen gestartet hatte, »um mit diesen ihre Projekte bezüglich der Situation der Fremden in Frankreich zu untersuchen«. Dieses Thema wurde vom Wahlkampf praktisch ausgeschlossen.
Aus dem Französischen übertragen von Jörg Ohnacker.

lich gemacht gehören. Mit Ausnahme von Robert Hue und Dominique Voynet[1], bei der diese Frage eines der zentralen Themen ihres Wahlkampfes war (mit der Aufhebung der Pasqua-Gesetze[2], der Regelung des Status nicht abschiebbarer Personen und dem Bemühen, die Rechte der Minderheiten zu gewährleisten), sind die Kandidaten der Befragung, der sie unterzogen werden sollten, ausgewichen: Edouard Balladur hat eine allgemein gehaltene schriftliche Stellungnahme geliefert, die nicht auf unsere 26 Fragen einging. Jacques Chirac hat auf unsere Bitte nach einem Gespräch nicht reagiert. Lionel Jospin hat sich von Martine Aubray und Christophe Cambadélis vertreten lassen, die beide leider über die Haltung ihres Favoriten zu dieser Frage wenig auszusagen hatten.

Es braucht kein besonderes Expertentum, um aus ihren Äußerungen bzw. Nicht-Äußerungen zu diesem Thema herauszulesen, daß sie dem fremdenfeindlichen Diskurs nichts entgegenzusetzen haben, der seit Jahren daran arbeitet, gesellschaftliche Mißstände, Arbeitslosigkeit, Kriminalität, Drogenprobleme etc. in Haß umzumünzen. Aus Mangel an Überzeugung oder aus Angst vor dem Verlust von Wählerstimmen sind sie an einem Punkt angekommen, an dem sie von diesem falsch gestellten Problem, das allgegenwärtig und trotzdem nicht greifbar ist, nur noch in Allgemeinplätzen und mehr oder minder verschämten Andeutungen sprechen: sie äußern sich zum Beispiel zur *»Sicherheit«*, zur Notwendigkeit, *»den Zuzug auf ein Minimum zu beschränken«*, oder zur Kontrolle *»illegaler Einwanderung«* (um den Schein der Fortschrittlichkeit zu wahren, erwähnen sie bei dieser Gelegenheit auch gleich die *»Rolle der Men-*

---

1 Robert Hue ist Generalsekretär der Kommunistischen Partei Frankreichs, Dominique Voynet Parteiführerin einer der Grünen Parteien und derzeit Umweltministerin in der Regierung Jospin.

2 Charles Pasqua war während der Kohabitation, die auch die Amtszeit Balladurs als Premierminister war, französischer Innenminister. Er brachte ein außerordentlich ungerechtes Einwanderungsgesetz auf den Weg.

*schenschmuggler und der Arbeitgeber«*, die sich als Ausbeuter betätigen).

All diese wahltaktischen Kalküls, unterstützt von einem von Meinungsumfragen faszinierten politisch-medialen Umfeld, beruhen auf einer Reihe von unbegründeten Annahmen: ihre einzige Grundlage ist die äußerst primitive Logik der magischen Teilhabe, der Ansteckung via Kontakt und der sprachlichen Assoziation. Dafür ein Beispiel von vielen: wie kann man Menschen als »Immigranten« bezeichnen, die von nirgendwo »emigriert« sind und von denen man zudem sagt, sie gehörten der »zweiten Generation« an? Und besteht nicht eine der Hauptfunktionen des Adjektivs »illegal«, das die um die Ehrbarkeit fortschrittlicher Gesinnung besorgten Schöngeister mit dem Begriff »Einwanderer« verbinden, darin, eine verbale und mentale Identifikation zwischen illegalem Grenzübertritt von Menschen und dem per se betrügerischen und deshalb illegalen Grenzschmuggel verbotener Güter wie Drogen oder Waffen herzustellen? Hier liegt eine geradezu kriminelle Begriffsverwirrung vor, die es möglich macht, die betroffenen Menschen als Kriminelle anzusehen.

Schlußendlich glauben dann die Politiker, daß diese Überzeugungen in ihrem ganzen Umfang auch von ihren Wählern geteilt werden. Ihre Wahlkampfdemagogie beruht in der Tat auf dem Postulat, daß die *»öffentliche Meinung«* der *»Einwanderung«*, den Fremden sowie jeglicher Öffnung der Grenzen ablehnend gegenüberstehe. Mittels der Verdikte der »Meinungsforscher«, dieser modernen Astrologen, sowie der Weisungen der Berater, die hier an die Stelle von Kompetenz und Überzeugung treten, werden sie aufgefordert, sich daran zu machen, die *»Wählerstimmen Le Pens zu erobern«*. Angesichts des Wahlergebnisses von Le Pen nach zwei Jahren Anwendung der Pasqua-Gesetze, nach Debatten über die Sicherheit und deren praktische Umsetzung, kann man nun das recht gesicherte Argument anführen, daß das Heer der *Front National*-Wähler in dem Maße wächst, in dem die Rechte der Fremden eingeschränkt werden (dieser Schluß ist zwar etwas vereinfachend, aber auch nicht mehr als die oft vertretene These, daß jede Maßnahme, die auf eine Verbesserung des rechtlichen Status der in Frankreich anwesenden Ausländer abzielt, zu einer Verbesserung des Wahlergebnisses von Le Pen führe). Mit Sicherheit läßt sich sagen, daß, bevor man die Stimmen für den *Front National* allein der Ausländerfeindlichkeit zuschreibt, einige andere Faktoren untersucht werden sollten, wie zum Beispiel die Bestechungsaffären, von denen die Welt der Medien und der Politik erschüttert wurden.

Darüber hinaus bleibt zu sagen, daß die Frage des Status von Ausländern in den modernen Demokratien neu überdacht werden sollte, das heißt vor allem die Frage der Grenzen, durch die eine freie Bewegung von Menschen kraft Gesetz eingeschränkt wird, und das in einer Welt wie der unseren, die soviel Gewinne jeglicher Art aus dem Verkehr von Personen und Gütern zieht. Kurzfristig sollte man wenigstens, und sei es allein aus interessegeleiteten Gründen, die Kosten evaluieren, die durch die mit dem Namen des Herrn Pasqua verbundene Sicherheitspolitik entstanden sind: die Folgekosten der Diskriminierung bei den und durch die Polizeikontrollen, welche bestens dazu geeignet ist, die *gesellschaftliche Kluft* herzustellen oder zu verstärken, und die Kosten der sich verallgemeinernden Angriffe auf die Grundrechte, die zu Lasten des guten Rufs von Frankreich und seines traditionsreichen Engagements bei der Verteidigung der Menschenrechte gehen etc.

Die Frage, welcher Status den Ausländern zugestanden werden soll, ist das entscheidende Kriterium, das *Schibboleth*[1], das es

1 Schibboleth: maßgebliche Prüfung, die zur Beurteilung der Fähigkeit einer Person dient. (A.d.Ü.: Losungswort der Gileaditen, an dem sie wegen anderer Aussprache die Ephraimiten erkannten und einzeln erschlugen, vgl. Richter 12, 5f.)

ermöglicht, die Fähigkeit der Wahlkandidaten dahingehend zu beurteilen, ob sie gegen ein engstirniges, regressives, nur auf Sicherheit bedachtes, protektionistisches, konservatives, ausländerfeindliches Frankreich und für ein offenes, fortschrittliches, internationalistisches und weltoffenes Frankreich einzutreten imstande sind. Deshalb müßten sich die Wahlbürger für den Kandidaten entscheiden, der sich am deutlichsten für einen radikalen und totalen Bruch mit der aktuellen französischen Politik bezüglich der »*Aufnahme*« von Ausländern engagiert. Das sollte eigentlich Lionel Jospin sein ... Aber wird er das auch wollen?

Paris, Mai 1995

## Machtmißbräuche im Namen der Vernunft[1]

AUS DEN ISLAMISCHEN Ländern stellt sich uns eine grundlegende Frage, die den falschen Universalismus des Abendlandes, also das, was ich den Imperialismus des Universellen nenne, betrifft.[2] Frankreich verkörperte bisher diese Form des Imperialismus *par excellence*, der diesseits des Rheins [in Deutschland, A.d.Ü.] einen in meinen Augen mit dem Namen Herder verknüpften völkischen Nationalismus ausgelöst hat. Wenn sich tatsächlich hinter so manchem Universalismus nun aber nichts anderes als ein Nationalismus verbirgt, der sich zu seiner Durchsetzung auf universelle Werte (die Menschenrechte usw.) beruft, dann läßt sich nicht mehr jede fundamentalistische Reaktion gegen ihn einfach als reaktionär abtun. Der szientistische Rationalismus der mathematischen Modelle, der hinter der Politik des Internationalen Währungsfonds oder der Weltbank steht, und

1 Stellungnahme während der vom Internationalen Schriftsteller-Parlament veranstalteten öffentlichen Diskussion auf der Frankfurter Buchmesse am 15. Oktober 1995. Aus dem Französischen übertragen von Andreas Pfeuffer.

2 P. Bourdieu, »Deux impérialismes de l'universel«, in: C. Fauré und T. Bishop (Hg.), *L'Amérique des Français*, Paris, Ed. François Bourin, 1992, S. 149–155.

der *Law firms*, dieser großen multinationalen Rechtsberatungsunternehmen, die dem ganzen Planeten die amerikanischen Rechtstraditionen aufzwingen wollen, der Theorien rationalen Handelns usw., dieser Rationalismus ist zugleich Ausdruck und Bürgschaft einer westlichen Überheblichkeit, die dazu führt, so zu handeln, als ob manche Menschen das Monopol auf die Vernunft gepachtet hätten und sich, wie man gemeinhin sagt, als Weltpolizisten aufführen könnten, als selbsternannte Hüter des Monopols auf legitime Gewaltausübung also, die imstande scheinen, die Gewalt der Waffen in den Dienst der universellen Gerechtigkeit zu stellen. Die terroristische Gewalt wurzelt fast immer im Irrationalismus der Verzweiflung, doch gerade dadurch verweist sie auf die eherne Gewalt derjenigen Mächte, die sich auf die Vernunft berufen. Die Ausübung ökonomischen Zwangs kommt häufig unter dem Deckmantel juristischer Vernunft daher, und auch der Imperialismus versteckt sich hinter der Legitimität internationaler Instanzen. Durch die Verlogenheit der Rationalisierungen zur Maskierung seiner *double standards* erzeugt und rechtfertigt er bei den arabischen, südamerikanischen und afrikanischen Völkern ein grundsätzliches Aufbegehren gegen die Vernunft als solche, welches man nicht losgelöst von den unter Berufung auf die (ökonomische, wissenschaftliche usw.) Vernunft stattfindenden Machtmißbräuche sehen kann. Diese »Irrationalismen« sind also zum Teil das Erzeugnis unseres je nach Zeit und Ort entweder imperialistischen, aufdringlichen, eroberungslustigen oder unzulänglichen, kleinkarierten, defensiven, regressiven und repressiven Rationalismus. Man kann auch dadurch für die Verteidigung der Vernunft eintreten, daß man diejenigen bekämpft, die unter dem Deckmantel der Vernunft letztlich nur ihren Machtmißbrauch kaschieren wollen oder sich der Waffen der Vernunft einzig zur Begründung oder Rechtfertigung ihrer Willkürherrschaft bedienen.

Frankfurt, Oktober 1995

## Die Worte des Eisenbahners[1]

NACHDEM ES AM Dienstag, den 17. Oktober, im zweiten Waggon eines Vorortzuges zu einer Explosion gekommen war, wurde der Eisenbahner, der diesen Zug geführt und ihn Zeugenaussagen zufolge mit einer unerschütterlichen, beispielhaften Ruhe evakuiert hatte, zu den Geschehnissen befragt. Er hätte versucht sein können, einfach die Gruppe der algerischen Einwanderer zum Sündenbock zu stempeln, aber statt dessen antwortete er ganz einfach, sie seien »Leute wie du und ich«.

Dieser außergewöhnliche Satz, diese »Wahrheit des aufrechten Volkes«, wie Pascal sagte, bedeutete einen schlagartigen Bruch mit den Behauptungen all dieser ganz normalen Demagogen, die, unbewußt oder berechnend, der Ausländerfeindlichkeit und dem Rassismus, welche sie dem Volk unterstellen, Nahrung liefern und Vorschub leisten. Unter dem Vorwand, dies entspreche den Erwartungen der sogenannten »einfachen Leute«, tischen sie ihnen genau die grob vereinfachenden Denkweisen auf, die sie ihnen unterstellen. Und dabei denken

1 Der Text wurde im November 1995 in *Alternatives algériennes* veröffentlicht. Aus dem Französischen übertragen von Daniela Böhmler.

sie dann auch noch, die Leute würden sich damit zufriedengeben. Sie berufen sich auf das Gesetz des Marktes (oder der Nachfrage), das durch Zuschauerquoten und Meinungsumfragen verkörpert und zynischerweise mit dem demokratischen Mehrheitsentscheid gleichgesetzt wird, um allen anderen ihre eigene Gewöhnlichkeit und Unterwürfigkeit aufzuzwingen.

Diese Worte des Eisenbahners treten den Beweis dafür an, daß man der Gewalt widerstehen kann, die Tag für Tag mit bestem Wissen und Gewissen im Fernsehen, im Radio und in den Zeitungen, über verbale Automatismen, banalisierte Bilder und in Gestalt gängiger Ausdrucksweisen ausgeübt wird. Und daß man auch dem Gewöhnungseffekt widerstehen kann, der bei einer ganzen Bevölkerung unmerklich die Toleranzgrenze für rassistische Beleidigungen und Verdächtigungen dahinschmelzen und die kritische Gegenwehr gegen prä-logisches Denken und verbale Konfusion (beispielsweise zwischen Islam und Islamismus, zwischen Moslem und Islamist oder zwischen Islamist und Terrorist) erlahmen läßt. Heimtückisch stärkt dieser Gewöhnungseffekt all die Denk- und Verhaltensgewohnheiten, die die Nachfahren der mehr als hundertjährigen Kolonisierung und der Kolonialkämpfe sind. Um eine gewisse Vorstellung von dieser Myriade kleiner Erniedrigungen (Duzen, öffentliche Leibesvisitation etc.) oder offensichtlicher Ungerechtigkeiten und strafbarer Handlungen (Gewalttätigkeit, eingeschlagene Türen, verletzte Intimität) zu vermitteln, die ein Großteil der Bürger oder Gäste Frankreichs über sich ergehen lassen mußte – eines Landes, das früher für seine Offenheit gegenüber Ausländern berühmt und geschätzt war –, sollte man an dieser Stelle wenigstens eine der vorliegenden Filmaufnahmen dieser 1850000 »Kontrollen«, die zur großen Befriedigung unseres Innenministers[1] kürzlich von der Polizei

---

1 Bei dem hier angesprochenen Innenminister handelt es sich um Charles Pasqua. Er hatte dieses Amt unter Premierminister Balladur inne und

durchgeführt wurden, detaillierter analysieren. Dies würde gleichzeitig auch eine Vorstellung von dem Entsetzen, der Empörung und der Wut vermitteln, die diese Umtriebe hervorrufen können. Ministeriale Erklärungen, die ganz offensichtlich dazu bestimmt sind, zu beruhigen oder dem *»Law-and-order«*-Denken Befriedigung zu verschaffen, würden dann sehr schnell gar nicht mehr so viel Sicherheit vermitteln.

In den einfachen Worten besagten Eisenbahners liegt durch das Beispiel, das er gab, die Aufforderung, entschieden gegen all jene vorzugehen, die in ihrem Wunsch, alles immer möglichst einfach zu machen, eine historische Wirklichkeit voller Mehrdeutigkeiten verstümmeln und sie auf die beruhigenden Dichotomien des manichäischen Denkens reduzieren, welches das Fernsehen zum allgemeinen Modell erhoben hat, indem es tendenziell keinen Unterschied mehr macht zwischen einem rationalen Dialog und einem Freistilkampf. Es ist unendlich viel einfacher, für oder gegen eine Idee, einen Wert, eine Person, Institution oder Situation Stellung zu beziehen, als das zu analysieren, was sich in Wahrheit in seiner ganzen Komplexität dahinter verbirgt. Und man wird bezüglich einer Frage, die die Journalisten als »gesellschaftliches Problem« bezeichnen – beispielsweise das in den französischen Medien vor einigen Jahren heiß diskutierte »Problem des moslemischen Kopftuchs«[1] –, um so bereitwilliger *Partei ergreifen*, je weniger man imstande ist, es zu analysieren und seinen Sinn wirklich zu verstehen, der häufig das genaue Gegenteil von dem ist, was ethnozentrischerweise angenommen wird.

---

brachte ein außerordentlich ungerechtes Einwanderungsgesetz auf den Weg.

1 Das Tragen eines moslemischen »Kopftuchs« in der Schule hat bei einigen »Intellektuellen«, die dadurch die republikanische Laizität bedroht sahen, vehemente Proteste hervorgerufen.

Die historischen Wirklichkeiten sind immer voller Rätsel und hinter ihrer scheinbaren Selbstverständlichkeit schwer zu entziffern. Für die algerische Wirklichkeit gilt das zweifellos in besonderem Maße. Deshalb stellt sie sowohl für die Erkenntnis als auch für das Handeln eine außerordentliche Herausforderung dar: nicht nur, daß sich sämtliche Analysen immer wieder an ihr messen lassen müssen, sie ist auch und vor allem der Prüfstein jeden Engagements.

Mehr als anderswo stellt eine rigorose Analyse der Situationen und Institutionen auch hier zweifellos das beste Gegenmittel gegen jeglichen Manichäismus und gegen diese einseitigen Sichtweisen dar, die – nicht selten unter einer Decke mit den pharisäerhaften Klagen aus dem »kommunitaristischen« Lager – über die Repräsentationen, die sie erzeugen, und die Worte, in denen sie sich ausdrücken, mörderische Konsequenzen nach sich ziehen können.

Paris, November 1995

## Wider die Zerstörung einer Zivilisation[1]

ICH BIN HEUTE HIER, um all jenen unsere Unterstützung auszusprechen, die seit drei Wochen gegen die Zerstörung einer Zivilisation kämpfen, die mit der Existenz des öffentlichen Dienstes verknüpft ist und die Zivilisation der republikanischen Rechtsgleichheit in bezug auf Bildung, Gesundheit, Kultur, Forschung, Kunst und vor allem Arbeit ist.

Und ich bin hier, um dieser Bewegung unser Verständnis mitzuteilen, ein Verständnis, das gleichzeitig der Verzweiflung und den Hoffnungen gilt, die in ihr zum Ausdruck kommen, denn auch wir empfinden diese Verzweiflung und diese Hoff-

---

1 Anläßlich einer Versammlung, die während der Streiks von 1995 am Gare de Lyon abgehalten wurde, hat Pierre Bourdieu im Namen derjenigen Intellektuellen das Wort ergriffen, die mit der Streikbewegung solidarisch waren. Er tat dies Seite an Seite mit den Vertretern von Gewerkschaften (vor allem des SUD) und Verbänden, mit denen er bereits durch frühere Aktionen verbunden war.
A.d.Ü.: Der deutsche Sprachgebrauch hätte es nahegelegt, den französischen Begriff der *»civilisation«* hier mit »Kultur« zu übersetzen. Dies hätte jedoch den historisch gewachsenen Differenzen der semantischen Konnotationen beider Begriffe Gewalt angetan, weshalb der etwas befremdlich klingende Gegenbegriff der »Zivilisation« vorgezogen wurde. Aus dem Französischen übertragen von Daniela Böhmler.

nung. Und ich möchte Ihnen sagen, daß wir diejenigen, die kein Verständnis dafür haben, nicht verstehen können (oder nur zu gut verstehen), wie beispielsweise jenen Philosophen[1], der im *Journal du dimanche* ganz verblüfft »die Kluft zwischen der rationalen Weltauffassung«, wie sie seiner Ansicht nach Juppé verkörpert, und, ich zitiere, »den tief verwurzelten Wünschen der Leute« bemerkt.

Die Konstruktion eines solchen Gegensatzes zwischen der weitsichtigen Perspektive einer aufgeklärten »Elite« und den kurzsichtigen Beweggründen des Volkes oder seiner Repräsentanten war schon immer und überall typisch für das reaktionäre Denken, aber in Gestalt eines Staatsadels kleidet es sich heute in eine neue Form, die ihre Überzeugung von der eigenen Legitimität aus Bildungstiteln und der Autorität der Wissenschaft – insbesondere der Wirtschaftswissenschaft – schöpft. Für diese neuen Herrscher von Gottes Gnaden sind nicht nur Vernunft und Modernität, sondern auch Wandel und Veränderung der Seite der Herrschenden, der Minister, der Arbeitgeber oder der »Experten« zuzurechnen, Unvernunft und Rückständigkeit, Unbeweglichkeit und Konservatismus hingegen der des Volkes, der Gewerkschaften und der kritischen Intellektuellen.

Dieser technokratischen Überzeugung verleiht auch Juppé Ausdruck, wenn er lautstark verkündet: »Ich möchte, daß Frankreich ein ernstzunehmendes und ein glückliches Land ist.« Was er damit eigentlich meint, ist: »Ich möchte, daß ernstzunehmende Leute, also die Eliten, die ENA-Abgänger[2], diejenigen, die wissen, wo das Glück des Volkes zu suchen ist, die Möglichkeit bekommen, dem Volk zu seinem Glück zu verhelfen, selbst

1 Es handelt sich um Paul Ricœur.

2 A.d.Ü.: Abgänger der *Ecole Nationale d'Administration*, der französischen Eliteschule für Verwaltung, die eine zentrale Rekrutierungs- und Ausbildungsstätte für Spitzenbeamte und Diplomaten ist.

gegen seinen Willen, denn schließlich ist es mit der Blindheit seiner Begierden geschlagen, von der auch besagter Philosoph sprach, und hat sein eigenes Glück aus den Augen verloren – insbesondere sein Glück, von Leuten wie Herrn Juppé regiert zu werden, die besser als es selbst wissen, was das Glück des Volkes ist.« Genau so denken die Technokraten, und das ist es, was sie unter Demokratie verstehen. Deshalb verstehen sie auch nicht, warum das Volk, in dessen Namen sie scheinbar regieren, auf die Straße geht, um – Gipfel der Undankbarkeit! – gegen sie zu demonstrieren.

Dieser Staatsadel, der den Rückzug des Staates und die ungeteilte Herrschaft des Marktes und des Konsumenten – dieses kommerziellen Bürger-Substituts – predigt, hat den Staat an sich gerissen, er hat aus dem öffentlichen Gut ein privates Gut gemacht und aus der öffentlichen Angelegenheit, der Republik, seine eigene Angelegenheit. Das, um was es heute geht, ist die Rückeroberung der Demokratie und ihr Sieg über die Technokratie. Es muß Schluß sein mit der Tyrannei der »Experten« vom Typ Weltbank oder internationaler Währungsfond, die ohne jede Diskussion die Gesetze des neuen Leviathan, nämlich der »Finanzmärkte«, durchsetzen, und die erst gar nicht vorhaben, zu verhandeln, sondern nur »erklären«. Es muß Schluß gemacht werden mit diesem neuen Glauben an die historische Unabwendbarkeit, die die Theoretiker des Liberalismus dozieren, und es müssen neue Formen kollektiver politischer Arbeit erfunden werden, die befähigen, die Notwendigkeiten, besonders die ökonomischen, zur Kenntnis zu nehmen (was die Aufgabe von Experten sein kann), aber eben um gegen sie anzugehen und sie gegebenenfalls unschädlich zu machen.

Die heutige Krise stellt eine historische Chance für Frankreich dar, aber ohne Zweifel auch für die wachsende Zahl all jener, die sich tagtäglich in Europa und der ganzen Welt diesem neuen Entweder-Oder von Liberalismus versus Barbarei verweigern. Eisenbahner, Postangestellte, Lehrer, Angestellte des öffentlichen Dienstes, Studierende und viele andere, die aktiv oder passiv an dieser Bewegung beteiligt sind, haben mit ihren Demonstrationen, Erklärungen und den vielen Überlegungen, die sie ausgelöst haben und die vergeblich unter einem mediengerechten Deckel erstickt werden sollen, grundlegende Fragen angesprochen, die zu wichtig sind, als daß sie den ebenso anmaßenden wie unfähigen Technokraten überlassen werden könnten. Wie läßt sich die Entscheidung über die Zukunft des öffentlichen Dienstes in den Bereichen Gesundheit, Bildung, Transportwesen usw. an diejenigen zurückdelegieren, die zuallererst davon betroffen sind, also an jeden einzelnen von uns, um ganz besonders auch in Zusammenarbeit mit all jenen, die in den anderen europäischen Ländern denselben Bedrohungen ausgesetzt sind, in aufgeklärter und vernünftiger Weise darüber zu befinden? Wie läßt sich der republikanischen Schule neues Leben einhauchen? Und wie kann man im Bereich der höheren Bildung der schrittweisen Durchsetzung eines Systems mit zwei verschiedenen Geschwindigkeiten, symbolisiert im Gegensatz zwischen *Grandes Ecoles*[1] und Universitäten, entgegenwirken? Die gleiche Frage kann man in bezug auf das Gesundheits- und das Transportwesen stellen. Wie kann man dagegen ankämpfen, daß die Situation des gesamten Personals des öffentlichen Dienstes immer unsicherer wird und es deshalb zu Formen der Abhängigkeit und Unterwerfung kommt, die durch ihre Zensureffekte besonders im kulturellen Bereich, beim Radio, beim Fernsehen oder im Journalismus und sogar im Bildungssystem, äußerst verhängnisvolle Folgen nach sich ziehen?

Bei den Bemühungen um die Neuordnung des öffentlichen Dienstes haben Intellektuelle, Schriftsteller, Künstler, Wissen-

1 A.d.Ü.: Elitehochschulen, die parallel zur Universität die Führungskräfte Frankreichs (für Politik, Wirtschaft und Bildung) ausbilden.

schaftler usw. eine entscheidende Rolle zu spielen. Zunächst einmal können sie dazu beitragen, das Monopol der technokratischen Orthodoxie in den Medien zu brechen. Aber sie können auch organisiert und dauerhaft – also nicht nur in Form gelegentlicher Treffen in Krisenzeiten – mit denen zusammenarbeiten, die in der Lage sind, der Zukunft der Gesellschaft eine Richtung zu geben, also in erster Linie den Verbänden und Gewerkschaften. Ihre Aufgabe ist es, stichhaltige Analysen und innovative Vorschläge hinsichtlich der wichtigen Fragen zu erarbeiten, die die politisch-mediale Orthodoxie zu stellen verbietet. Ich denke da besonders an die Frage der Herausbildung eines globalen ökonomischen Feldes und an die wirtschaftlichen und sozialen Folgen der neuen weltweiten Arbeitsteilung oder auch an die Frage der angeblich ehernen Gesetze der Finanzmärkte, denen so viele politische Initiativen zum Opfer fallen, und an die Frage der Aufgaben von Bildung und Kultur innerhalb von Ökonomien, in denen das Informationskapital zu einer der entscheidendsten Produktivkräfte geworden ist, etc.

Dieses Programm mag abstrakt und rein theoretisch klingen. Aber man kann autoritärem Technokratismus eine Absage erteilen, ohne in einen Populismus abzurutschen, dem die sozialen Bewegungen der Vergangenheit nur allzu oft gehuldigt haben und der einmal mehr den Technokraten in die Hände spielen würde.

Das, was ich hier, vielleicht etwas ungeschickt, zum Ausdruck bringen wollte – und ich möchte mich bei all jenen entschuldigen, die ich vielleicht vor den Kopf gestoßen oder gelangweilt habe – ist eine wirkliche Solidarität mit denjenigen, die heute um die Veränderung der Gesellschaft kämpfen. Denn ich glaube, gegen die nationale und internationale Technokratie kann man nur wirksam vorgehen, indem man sie auf ihrem Lieblingsgebiet, nämlich der Wissenschaft und insbesondere der Wirtschaftswissenschaft, schlägt und dem abstrakten und verstümmelten Wissen, auf das sie sich beruft, ein Wissen entgegensetzt, das den Menschen und den Wirklichkeiten, mit denen sie konfrontiert sind, mehr Achtung entgegenbringt.

Paris, Dezember 1995

## Der Mythos »Globalisierung« und der europäische Sozialstaat[1]

Überall, den lieben langen Tag hört man (und das macht einen herrschenden Diskurs aus), daß der neoliberalen Weltsicht nichts entgegenzusetzen sei, daß sie doch ganz offensichtlich zutreffe, so als habe niemand eine andere Wahl. Doch wenn sie eine derartige Banalität besitzt, dann weil an ihr eine umfassende Arbeit symbolischer Einprägungen stattfindet, die Journalisten und einfache Bürger wiederholen läßt, was von bestimmten Intellektuellen ganz gezielt in Umlauf gebracht wird. Mir scheint, daß der Wissenschaft angesichts dieser stetigen und schleichenden Durchsickerung eines regelrechten Glaubens keine geringe Aufgabe zukommt. Vor allen Dingen könnte sie der Produktion und Zirkulation dieses Diskurses nachgehen. Es gibt immer mehr Arbeiten, in England, in den Vereinigten Staaten, in Frankreich, die sehr genau beschreiben, wie diese Weltsicht erzeugt, verbreitet und eingetrichtert wird. Eine ganze Reihe von Untersuchungen, der einschlägigen Schriften und jener zunehmend hoffähigen Zeitschriften, in denen sie veröffentlicht wurden, ihrer Verfasser und der Ge-

1 Vortrag vor dem griechischen Gewerkschaftsbund (GSEE) in Athen, Oktober 1996. Aus dem Französischen übertragen von Stephan Egger.

sprächsrunden, zu denen sie sich trafen, haben gezeigt, daß sowohl in England als auch in Frankreich Intellektuelle, Journalisten und Geschäftsleute eine höchst nachhaltige Gemeinschaftsarbeit verrichtet haben, um jene neoliberale Weltvorstellung als selbstverständlich durchzusetzen, die doch im Grunde nur eine in ökonomische Rationalisierungen gekleidete Wiederholung der maßgebenden Vorurteile eines allezeit und allerorts zutiefst konservativen Denkens ist. Ich denke dabei etwa an eine Untersuchung über die Zeitschrift *Preuves*, die von der CIA bezahlt und von bedeutenden französischen Intellektuellen unterstützt wurde, und während 20 oder 25 Jahren (es braucht Zeit, damit Falsches zu Wahrem wird), anfangs gegen den Strom, unermüdlich jene Vorstellungen produziert hat, die nach und nach wie selbstverständlich geworden sind.[1] Das gleiche ist in England geschehen. Der Thatcherismus stammt nicht von Frau Thatcher, er war seit langer Zeit von Intellektuellengruppen vorbereitet worden, denen die großen Zeitungen oft eine breite Öffentlichkeit verschafft hatten.[2] Ein erster möglicher Beitrag der Wissenschaft könnte also sein, diese Untersuchungen zu verbreiten, sie jedem zugänglich zu machen.

Diese vor langer Zeit begonnene Arbeit der Einprägung dauert bis heute an. Immer wieder, und in Abständen von wenigen Tagen, läßt sich wundersamerweise in allen französischen Zeitungen, mit gewissen Abwandlungen, das Erscheinen von Verweisen auf die wunderbare Wirtschaftslage der Vereinigten Staaten oder Englands beobachten. Diese Art der symbolischen Berieselung, an der die Zeitungen und das Fern-

---

1 P. Grémion, *Preuves, une revue européenne à Paris*, Paris, Julliard, 1989, und *Intelligence de l'anti-communisme, le congrès pour la liberté de la culture à Paris*, Paris, Fayard, 1995.

2 K. Dixon, Les Evangélistes du Marché, *Liber*, 32, September 1997, 5–6; C. Pasche und S. Peters, Les premiers pas de la Société du Mont-Pélerin ou les dessous chics du néolibéralisme, *Les Annuelles* (L'avènement des sciences sociales commes disciplines académiques), 8, 1997, 191–216.

sehen in hohem Maße beteiligt sind (meist unbewußt, denn die Leute, die solche Dinge wiederholen, tun dies größtenteils in gutem Glauben), hat tiefreichende Wirkungen. Der Neoliberalismus zeigt sich uns schließlich im Schein der *Unausweichlichkeit.*

Es ist eine ganze Ansammlung von Grundannahmen, die sich hier als ganz selbstverständlich durchgesetzt haben: man läßt ein größtmögliches Wachstum von Produktivität und Wettbewerb als letztes und einziges Ziel menschlichen Handelns gelten; oder glaubt, daß man sich den Kräften der Ökonomie nicht entziehen könne. Oder man macht – eine Voraussetzung, die alle anderen der Ökonomie begründet – einen grundtiefen Schnitt zwischen dem Ökonomischen und dem Gesellschaftlichen, das beiseite geschoben, den Soziologen überlassen wird, wie eine Art Ausschußware. Und alles kommt in einer schönfärberischen Sprache daher, die uns förmlich überschwemmt, die wir aufsaugen, wenn wir die Zeitung aufschlagen, wenn wir Radio hören. In Frankreich zum Beispiel sagt man nicht mehr Unternehmer, sondern »lebendige Kräfte der Nation«; man spricht nicht mehr von Stellenabbau, sondern von »Verschlankung«, in Anlehnung an den Sport (ein kräftiger Körper muß schlank sein). Wenn ein Unternehmen 2000 Leute entläßt, wird man von einem »mutigen Sozialplan von Alcatel« sprechen. Es gibt ein ganzes Spiel mit den Konnotationen und Assoziationen von Wörtern wie Flexibilität, Anpassungsfähigkeit, Deregulierung, das glauben macht, die neoliberale Botschaft sei eine der allgemeinen Befreiung.

Gegen diese *doxa* gilt es anzugehen, zuerst mit der Offenlegung jener Mechanismen, nach denen sie entsteht und durchgesetzt wird. Doch das genügt nicht, selbst wenn es wichtig bleibt, ihr immer wieder empirische Feststellungen entgegenzuhalten. In Frankreich hat sich der Staat aus vielen Gebieten der Daseinsvorsorge ganz zurückgezogen. Die Folgen zeigen sich in unzähligen Leiden, und nicht nur der Leute, die von der großen Krise betroffen sind. Es läßt sich etwa nachweisen, daß jene Probleme, die sich in den Vororten der großen Städte beobachten lassen, durch eine neoliberale Wohnungspolitik[1] entstanden sind. Seit den 70er Jahren hat sie (und ihre »personenbezogene Unterstützung«) eine soziale Segregation in Gang gesetzt, hier ein Subproletariat, meist Immigranten, die in den großen Wohnblöcken leben, dort die Arbeiter und Kleinbürger in ihren Einfamilienhäusern, die sie mit Krediten gekauft haben und die ihnen ungeheure Belastungen zumuten. Diese einschneidende Entwicklung wurde durch politische Maßnahmen bewirkt.

In den Vereinigten Staaten hilft man einer Zweiteilung des Staates auf den Weg, einem Vorsorgestaat für die Privilegierten und einem repressiven, einem Polizeistaat für das Volk. Im Staate Kalifornien, der zu den reichsten der USA (einige französische Soziologen[2] sahen in ihm das Paradies aller menschlichen Freiheiten), aber auch zu den konservativsten gehört, einem Staat, der die zweifellos berühmteste Universität der Welt besitzt, übersteigen seit 1994 die Ausgaben für den Strafvollzug den Haushalt all seiner Universitäten. Die Schwarzen im Ghetto von Chicago kennen den Staat nur in Gestalt des Polizisten, des Richters, des Gefängniswärters und des *parole officer*, des Bewährungshelfers, dem sie sich regelmäßig zeigen müssen, um nicht wieder im Gefängnis zu landen. Es scheint wie eine Verwirklichung des Traums aller Herrschenden, ein Staat, der sich, wie Loïc Wacquant gezeigt hat, mehr und mehr auf seine polizeilichen Aufgaben beschränkt.

Was wir in den USA sehen und sich auch in Europa herauszuschälen beginnt, ist ein Prozeß der *Rückbildung* des Staates. Wenn man seine Geburt betrachtet, gerade in Gesellschaften,

---

1 Vgl. P. Bourdieu et al., »L'économie de la maison«, *Actes de la recherche en sciences sociales*, 81–82, März 1990.

2 Insbesondere Edgar Morin und Jean Baudrillard.

wo er früh entstanden ist, wie in Frankreich und England, erkennt man vor allem eine Konzentration der Mittel physischer Gewaltsamkeit und eine Konzentration ökonomischer Macht – beide gehen Hand in Hand, man braucht Geld, um Kriege zu führen, um eine Polizei zu unterhalten, und eine polizeiliche Gewalt, um die staatliche Geldschöpfung zu sichern. Und dann erkennt man eine Konzentration kulturellen Kapitals, eine Konzentration von Autorität. Dieser Staat erringt im Laufe seiner Entwicklung eine gewisse Unabhängigkeit gegenüber den gesellschaftlichen und wirtschaftlichen Mächten. Er wird fähig, den Willen der Herrschenden umzudeuten, ihn auszulegen, und manchmal entsteht dabei Politik.

Dieser Rückzug des Staates macht deutlich, daß der Widerstand gegen den neoliberalen Glauben und die neoliberale Politik in den einzelnen Ländern um so stärker ist, je ausgeprägter dort die staatlichen Traditionen waren. Und das, weil der Staat in zweierlei Gestalt auftritt: nicht nur in der objektiven Realität, in einer Gesamtheit von Institutionen, von Satzungen, Ämtern, Ministerien, sondern auch in den Köpfen der Menschen. Innerhalb der französischen Bürokratie zum Beispiel haben die Sozialministerien vom ersten Augenblick an gegen die Reform des Wohnungsbaus, gegen die Finanzministerien gekämpft, um ihre soziale Wohnungspolitik zu verteidigen. Diese Beamten haben damit natürlich auch ihre Ämter verteidigt, ihre Posten; aber sie taten es nicht zuletzt, weil sie daran glaubten, weil sie ihre Überzeugungen vertraten. In jedem Land ist der Staat ein Teil des Weges gesellschaftlicher Eroberungen in die Wirklichkeit. Das Arbeitsministerium beispielsweise ist solch eine zu Wirklichkeit gewordene Eroberung, selbst wenn es manchmal auch ein Repressionsinstrument sein kann. Und der Staat existiert in den Köpfen der Arbeiter in Gestalt subjektiver Rechtsansprüche (»das ist mein gutes Recht«, »das kann man mit mir nicht machen«), als Verbundenheit mit »sozialen Errungenschaften« usw. Einer der großen Unterschiede zwischen Frankreich und England, das entdecken nun die thatcherisierten Briten, und einer der Gründe für ihren erfolglosen Widerstand, ist vor allem darin zu suchen, daß der Arbeitsvertrag dort einer des *common law* war, keine staatlich geschützte Vereinbarung wie in Frankreich. Heute, da man sich auf dem europäischen Festland für das englische Modell begeistert, schauen die englischen Arbeiter auf den Kontinent und entdecken dort Dinge, die sich in ihrer Tradition nicht finden, etwa den Gedanken des Arbeitsrechtes.

Denn der Staat ist durchaus zweigesichtig. Es wäre zu einfach, ihn allein als Werkzeug im Dienste der Herrschenden zu begreifen. Sicher ist der Staat nie ganz neutral, völlig unabhängig von den Herrschenden, aber er besitzt doch eine gewisse Autonomie, die um so größer wird, je älter, je mächtiger er ist, je mehr seine Institutionen gesellschaftliche Eroberungen beherbergen. Und er ist Ort von Kämpfen (zum Beispiel zwischen den Finanzministerien und den »Wohlfahrtsministerien«). In ihrem Widerstand gegen die *Rückbildung des Staates*, gegen den Rückzug auf einen Strafstaat, der nur zuschlägt und sich nach und nach aller gesellschaftlichen Aufgaben entledigt, dem Bildungsauftrag, der Gesundheitsfürsorge und letzten Daseinshilfe, könnte eine soziale Bewegung mit der Unterstützung jener Verantwortlichen rechnen, die etwa mit der Hilfe für Langzeitarbeitslose befaßt sind, die sich über die Brüche des gesellschaftlichen Zusammenhalts beunruhigen, über die Arbeitslosigkeit, und sich immer wieder den Finanzbeamten widersetzen, die nichts anderes sehen wollen als die Zwänge der »Globalisierung« und den Platz Frankreichs in der Welt.

Ich habe von der »Globalisierung« gesprochen: sie ist ein Mythos im starken Wortsinne, ein Machtdiskurs, eine »Ideenmacht«, eine Vorstellung, die gesellschaftliche Macht besitzt, die Glauben auf sich zieht. Sie ist die entscheidende Waffe der Kämpfe gegen die Errungenschaften des *welfare state*: die europäischen Arbeiter, wird gesagt, müssen sich dem Wettbewerb mit den Arbeitern auf der ganzen Welt stellen. Man weist dabei auf Länder, in denen es keinen Mindestlohn gibt, in denen 12 Stunden am Tag gearbeitet wird, für einen Lohn, der zwischen einem Viertel und einem Fünfzehntel des europäischen Lohns beträgt, in denen es keine Gewerkschaften gibt, in denen man Kinder arbeiten läßt. Und im Namen dieses Modells verlangt man von ihnen größere Flexibilität, ein anderes Schlüsselwort des Liberalismus, das Nachtarbeit, Wochenendarbeit, Überstunden meint, all die auf ewig in den unternehmerischen Träumen wiederkehrenden Dinge. Überhaupt bedient der Neoliberalismus unter dem Deckmantel einer sehr schicken und sehr modernen Botschaft urälteste Vorstellungen des Unternehmertums. (Zeitschriften in den USA erstellen Hitlisten solch streitbarer Unternehmer, und ihr Rang richtet sich dort nicht nur nach dem Einkommen in Dollar, sondern auch nach der Zahl der Leute, die sie mutigerweise entlassen haben). Es gehört zum Ureigenen *konservativer Revolutionen*, der deutschen in den dreißiger Jahren, der von Thatcher, Reagan und anderen, Restaurationen mit dem Schein des Revolutionären zu umgeben. Die konservative Revolution unserer Tage zeigt sich allerdings in veränderter Gestalt: es geht nun nicht mehr, wie früher, um die Beschwörung einer verklärten Vergangenheit, die Feier von Blut und Boden, um die archaischen Themen alter Agrarmythologien. Diese konservative Revolution neuen Typs nimmt den Fortschritt, die Vernunft, die Wissenschaft (in diesem Fall die Ökonomie) für sich in Anspruch, um eine Restauration zu rechtfertigen, die umgekehrt das fortschrittliche Denken und Handeln als archaisch erscheinen läßt. Sie macht alle Praktiken zur Norm, zur idealen Regel, die die tatsächlichen Regelmäßigkeiten der ökonomischen Welt ihrer ureigenen Logik überlassen, dem sogenannten Gesetz des Marktes, das heißt: dem Recht des Stärkeren. Sie ratifiziert und glorifiziert die Herrschaft dessen, was man heute Finanzmärkte nennt, also die Rückkehr zu einer Art Raubkapitalismus, der kein anderes Gesetz kennt als den maximalen Profit, zu einem ungebremsten und ungeschminkten Kapitalismus, der gleichzeitig immer stärker rationalisiert, an die Grenzen seiner ökonomischen Effektivität getrieben wird, durch die Einführung moderner Herrschaftsformen wie dem Management und den Einsatz manipulativer Techniken, der Marktforschung und der Werbung.

Wenn uns diese konservative Revolution täuschen kann, dann weil sie nach außen hin nichts mit der alten Schwarzwaldpastorale der konservativen Revolutionäre der dreißiger Jahre gemein hat – sie schmückt sich mit allen Insignien der Modernität. Kommt sie nicht aus Chicago? Galilei hat gesagt, daß die natürliche Welt in mathematischer Sprache geschrieben sei. Heute will man uns weismachen, daß sich die ökonomische und soziale Welt in Gleichungen ausdrücken lasse. Mit dieser mathematischen (und medialen) Bewaffnung ist der Neoliberalismus zur höchsten Form einer konservativen Soziodizee geworden, die sich seit 30 Jahren unter dem Namen eines »Endes der Ideologien« oder, in jüngerer Zeit, eines »Endes der Geschichte« angekündigt hat.

Um jenen Mythos der »Globalisierung« bekämpfen zu können, der eine Restauration, die Rückkehr zu einem gleichzeitig wilden, rationalisierten und zynischen Kapitalismus hoffähig machen soll, muß man zunächst auf die Fakten sehen. Die Statistiken zeigen nämlich, daß der zunehmende Wettbewerb der europäischen Arbeitskräfte vor allem innerhalb Europas stattfindet. Nach meinen Zahlen spielen sich 70 % des europäischen Warenverkehrs zwischen den Mitgliedsländern ab. Der dauernde Verweis auf außereuropäische Bedrohungen verschleiert, daß die vielbeschworenen Gefahren der neuen Wirtschaftsordnung in erster Linie von einem Wettbewerb der europäischen Länder ausgehen, von dem, was man bisweilen als *social dumping* bezeichnet: europäische Länder mit geringer sozialer Sicherung, mit niedrigen Löhnen, können diesen Wettbewerb zu ihrem Vorteil nutzen, aber sie reißen dabei andere Länder mit sich, verstärken den Zwang zur Preisgabe der dortigen sozialen Errungenschaften. Angesichts dieses drohenden Unterbietungswettbewerbs müßte es den hiesigen Arbeitern angelegen sein, gerade im Bündnis mit den Arbeitern diesbezüglich weniger entwickelter Länder, diese ihre Eroberungen zu verteidigen und auf ihre länderübergreifende Ausdehnung zu dringen (sicher keine leichte Aufgabe, bedenkt man die unterschiedlichen nationalen Traditionen, insbesondere im Hinblick auf die Macht der Gewerkschaften dem Staat gegenüber und die Arten der Finanzierung des Sozialversicherungswesens).

Aber das ist längst nicht alles. Es lassen sich noch viele andere Auswirkungen der neoliberalen Politik feststellen. So zeigen einige englische Untersuchungen, welch beispiellose Verunsicherung die Politik des Thatcherismus hervorgerufen hat, ein Leidensgefühl, das vor allem bei den Handarbeitern, aber auch im Kleinbürgertum verbreitet ist. Genau dasselbe beobachtet man in den Vereinigten Staaten, wo einer Vervielfachung befristeter und unterbezahlter Beschäftigungsverhältnisse der Weg geebnet wurde (mit denen sich die Zahl der Arbeitslosen künstlich herunterrechnen läßt). Auch die ständig und brutal von Entlassung bedrohten amerikanischen Mittelklassen sind tief beunruhigt (und machen so deutlich, daß es den Menschen nicht nur um Arbeit und Brot geht, sondern auch um die Sicherheit, die eine Beschäftigung bietet). In allen Ländern steigt der Anteil der Zeitarbeitnehmer gegenüber dem der dauerhaft Beschäftigten. Diese zunehmende Unsicherheit und Verfügbarkeit führen zum Verlust der wenigen Vorzüge, die für geringe Einkommen entschädigen konnten (aber dauernd wie Privilegien von »Reichen« behandelt werden), der feste Arbeitsplatz, Gesundheitsfürsorge oder Ruhestandsgeld. Und so setzt die Privatisierung gesellschaftlicher Risiken den beschleunigten Verlust kollektiver Errungenschaften in Gang. In Frankreich zum Beispiel sind drei Viertel der neu entstandenen Arbeitsplätze Beschäftigungen auf Zeit, und nur ein Viertel davon wird schließlich eine dauerhafte Anstellung sichern. Ganz offenkundig gilt das vor allem für die Jungen. Nicht umsonst trifft diese neue Unsicherheit gerade die junge Bevölkerung, in Frankreich (wie wir es in unserem Buch *Das Elend der Welt* festgehalten haben) und auch in England, wo die Not der Jugendlichen am größten ist, mit all ihren Folgen, vermehrter Straffälligkeit und anderen höchst kostspieligen Erscheinungen.

Und schließlich erleben wir eine Zerstörung der wirtschaftlichen und gesellschaftlichen Grundlagen unserer kostbarsten kulturellen Erwerbungen. Die Unabhängigkeit der Welt der Kulturerzeugnisse gegenüber dem Markt, die dank der Kämpfe und Opfer von Schriftstellern, Künstlern und Wissenschaftlern beständig angewachsen ist, wird heute immer mehr bedroht. Die Herrschaft des »Kommerzes« und des »Kommerziellen« setzt sich jeden Tag weiter durch, in der Literatur, natürlich aufgrund der wachsenden Konzentration des Verlagsgeschäftes, immer unmittelbarer aber auch angesichts der zunehmenden Dienstfertigkeit der Literaturkritik, ihrer Unterwerfung unter die Zwänge des schnellen verlegerischen Profits, und dann vor allem im Film (man fragt sich, was in zehn Jahren aus einem experimentellen europäischen Kino geworden sein wird, wenn niemand seiner Avantgarde Fördermittel und Verleihmöglichkeiten einräumt); ganz zu schweigen von den Sozialwissenschaften, die dazu verdammt sind, entweder den unverhohlenen Wünschen der Unternehmen oder staatlichen Bürokratien nachzukommen, oder an der Zensur der Macht und des Geldes zugrunde zu gehen.

Wenn nun die Globalisierung vor allem ein Rechtfertigungsmythos ist, so gibt es doch einen Bereich, wo sie sehr handgreiflich sichtbar wird, in der Welt der Finanzmärkte. Der Abbau rechtlicher Beschränkungen und die rasche Entwicklung der modernen Kommunikationsmittel hat dazu geführt, daß man sich nun immer mehr auf einen einheitlichen, allerdings nicht gleichberechtigten Finanzmarkt hinbewegt. Denn dieser Finanzmarkt wird von einer Handvoll Ökonomien beherrscht, von den reichsten Ländern, vor allem aber von denen, deren Geld als internationale Reservewährung verwendet wird und ihnen auf den Finanzmärkten größte Freiheiten verschafft. Insbesondere die Vereinigten Staaten nehmen hier eine Stellung ein, von der aus sie die meisten dieser Spielregeln festlegen können. Diese Vereinheitlichung der Geldmärkte unter der Herrschaft weniger Nationen hat die Unabhängigkeit der nationalen Finanzplätze zusehends geschwächt. Die französischen Bankleute und Finanzbeamten, die uns sagen, daß man sich in diese Notwendigkeiten zu schicken habe, vergessen den Hinweis darauf, daß sie sich zu Komplizen dieser Zwänge gemacht und damit den französischen Nationalstaat zur Abdankung gezwungen haben.

Globalisierung bedeutet also nicht Homogenisierung, sondern im Gegenteil Ausdehnung des Zugriffs einer kleinen Zahl von beherrschenden Nationen auf die Gesamtheit der weltweiten Finanzmärkte. Dies führt zu gewissen Umschichtungen der internationalen Arbeitsteilung, deren Folgen die europäischen Arbeiter zu spüren bekommen, wenn etwa Kapital und Industrien in Billiglohnländer abwandern. Dieser internationale Kapitalmarkt verringert die Unabhängigkeit der nationalen Kapitalmärkte, insbesondere unterbindet er staatliche Anpassungen der Wechselkurse und Zinsen, die statt dessen immer mehr von einigen wenigen Ländern bestimmt werden. Den einzelnen Staaten drohen spekulative Angriffe von Leuten, die über massive Rücklagen verfügen und so Geldentwertungen veranlassen können. Linksregierungen sind hier ganz besonders gefährdet, weil sie den Finanzmärkten immer verdächtig bleiben (rechte Regierungen, die eine mit den Vorstellungen des IWF kaum vereinbare Politik betreiben, haben es leichter als linke, deren Politik sich den Maßgaben des IWF unterordnet). Es ist also die Struktur dieses weltweiten Feldes, deren Zwänge solchen Mechanismen einen schicksalhaften Anstrich geben. Die Politik eines einzelnen Staates wird nun weitgehend durch seine Stellung in der Verteilungsstruktur des Finanzkapitals bestimmt (das heute die Struktur der Weltwirtschaft beherrscht).

Was kann man angesichts dieser Mechanismen tun? Zunächst müßte über die inneren Beschränkungen einer ökonomischen Theorie nachgedacht werden, die das in Rechnung zu stellen vergißt, was man soziale Kosten nennt. Eine Wohnungspolitik etwa, wie sie unter Giscard d'Estaing 1970 beschlossen wurde, hat langfristig soziale Kosten verursacht, die nirgendwo aufgeführt sind – wer erinnert sich denn, abgesehen von den Soziologen, zwanzig Jahre später an diese Maßnahme? Wer brächte schon irgendeinen Krawall in den Vorstädten von Lyon noch 1990 mit einer politischen Entscheidung aus dem Jahre 1970 in Zusammenhang? Diese Vergehen bleiben ungesühnt, weil sie vergessen werden. Dabei müßten heute alle kritischen sozialen Kräfte auf einer Gesamtrechnung ökonomischer Entscheidungen bestehen, müßten die Einbeziehung ihrer sozialen Kosten fordern. Was wird auf lange Sicht dabei auflaufen, gerechnet in Entlassungen, Krankheiten, Selbstmorden, Alkoholismus, Drogenkonsum, familiärer Gewalt? Dies alles sind Erscheinungen, die eine Menge kosten, nicht nur viel Geld, sondern auch eine Vielfalt von Leiden zu Buche schlagen lassen. Ich meine, selbst wenn das zynisch scheinen könnte, daß man der herrschenden Ökonomie ihre eigenen Waffen entgegenstrecken und sie daran erinnern sollte, wie wenig eine im Sinne des wohlverstandenen Interesses streng ökonomische Politik notwendig ökonomisch ist – wenn man die Verunsicherung der Menschen und Gefährdung der Güter berechnet, und damit die Polizei, den Strafvollzug usw. Genaugenommen müßte man jenes ökonomische Wunschbild in Frage stellen, das alles individualisiert, die Beschäftigung, die Rechtspflege oder die Gesundheit, die Kosten und die Gewinne, und dabei zu vergessen scheint, wie sehr die Effizienz, die hier so eng und abstrakt definiert wird, weil man sie stillschweigend mit finanzieller Rentabilität gleichsetzt, ganz augenscheinlich von den angestrebten Zielen abhängt, von der Rentabilität für Aktionäre und Investoren wie heutzutage, oder von der Zufriedenheit der Konsumenten, oder sogar von Zufriedenheit und gegenseitigem Einvernehmen von Produzenten und Konsumenten, also einer immer größeren Zahl von Menschen. Tatsächlich ist dieser verengten und kurzsichtigen Ökonomie eine *Ökonomie des Glücks* entgegenzustellen, in der alle individuellen und kollektiven, materiellen und symbolischen Gewinne angerechnet werden, die eine Arbeit bietet (nämlich Sicherheit), und alle materiellen und symbolischen Kosten vermerkt, die durch Beschäftigungslosigkeit oder andere Verunsicherungen entstehen (den Medikamentenverbrauch zum Beispiel: Frankreich ist Rekordhalter bei den Beruhigungsmitteln). Man kann den *Gewalterhaltungssatz* nicht beschummeln: Gewalt geht nie verloren, die strukturale Gewalt, die von den Finanzmärkten ausgeübt wird, der Zwang zu Entlassungen und die tiefgreifende Verunsicherung der Lebensverhältnisse, schlägt auf lange Sicht als Selbstmord, Straffälligkeit, Drogenmißbrauch, Alkoholismus zurück, in all den kleinen oder großen Gewalttätigkeiten des Alltags.

Angesichts des gegenwärtigen Zustandes müssen sich die Kämpfe der Intellektuellen, der Gewerkschaften, der Verbände vor allem gegen den Niedergang des Staates richten. Die Nationalstaaten werden von außen unterhöhlt, durch die Finanzmärkte, und von innen durch jene untergraben, die sich zu ihren Komplizen machen, Bankvertretern, Finanzpolitikern usw. Ich denke, daß die Beherrschten ein Interesse an der Verteidigung des Staates haben, insbesondere seines sozialen Gesichtes. Das hat mit Nationalismus nichts gemein. Man kann gegen den Nationalstaat streiten und dabei doch seine »universellen« Aufgaben verteidigen, Aufgaben, die allerdings genausogut, wenn nicht besser, von einem supranationalen Staat erfüllt werden könnten. Wenn man nicht will, daß die Bundesbank mit ihrer Zinspolitik das Haushaltsgebaren der einzelnen Staaten bestimmt, muß man dann nicht für die Schaffung eines supranationalen Staates eintreten, der einigermaßen unabhängig ist von den internationalen ökonomischen und nationalen politischen Kräften, und in der Lage, die soziale Seite der europäischen Institutionen zu entfalten? Maßnahmen zur Arbeitszeitverkürzung etwa könnten ihre ganze Bedeutung unter Beweis stellen, wenn eine europäische Instanz sie ergriffe und in allen europäischen Nationen durchsetzte.

Der Staat ist eine historische Kraft der Rationalisierung gewesen, die immer erst im Dienst der herrschenden Mächte gestanden hat. Um dies heute zu vermeiden, reicht es nicht, sich über die Technokraten in Brüssel aufzuregen. Statt dessen müßte ein neuer, zumindest europaweiter Internationalismus erfunden werden, der Wege vorbei an jenem Rückfall in den Nationalismus zeigen könnte, wie er im Angesicht der Krise fast alle europäischen Länder bedroht. Es müßte darum gehen, Institutionen einzurichten, die die Macht der Finanzmärkte wirksam beschränken könnten, und auch darum, ein – die Deutschen haben hier ein wunderbares Wort – *Regressionsverbot* einzuführen, das jeden Rückschritt im Bereich der sozialen Errungenschaften europaweit verbietet. Um dies zu erreichen, ist es unabdingbar, daß vor allem die Gewerkschaften auf übernationaler Ebene handeln, weil von dort die Kräfte ausgehen, gegen die sie kämpfen. Es gilt also, die organisatorischen Grundlagen eines wirklich kritischen Internationalismus zu schaffen, der stark genug ist, sich dem Neoliberalismus entgegenzustemmen.

Zuletzt die Frage, weshalb die Intellektuellen diesen Dingen so zwiespältig gegenüberstehen. Ich werde hier nicht versuchen, all die Spielarten ihrer Demission, oder schlimmer noch, ihrer Kollaboration aufzuzählen – das würde zu lange dauern und wäre zu grausam. Ich erinnere nur an die sogenannten modernen oder postmodernen Philosophen, die sich entweder nur mit ihren scholastischen Spielchen beschäftigen und alles andere geschehen lassen, oder aber in eine wortreiche Verteidigung der Vernunft und des rationalen Dialogs flüchten, oder schließlich, die sogenannte postmoderne Variante, den »radical chic« einer Ideologie des Endes der Ideologien feilbieten, eine Verdammung der großen Überlieferungen oder die nihilistische Anschwärzung der Wissenschaft.

Tatsächlich stützt sich die Macht der neoliberalen Ideologie auf eine Art neuen Sozialdarwinismus: es sind die »Besten und Außergewöhnlichsten«, wie man in Harvard sagt, die das Rennen machen (Becker, Träger des Nobelpreises für Ökonomie, hat den Gedanken entwickelt, daß der Darwinismus Grundlage jener Fähigkeit der Nutzenabwägung ist, die den ökonomischen Akteuren immer zugeschrieben wird). Hinter der weltumspannenden Vision einer Internationale der Herrschenden steht eine Philosophie der Kompetenz, nach der die Fähigsten den Staat lenken, die Fähigsten eine Arbeit haben, was bedeutet, daß Menschen ohne Arbeit unfähig sind. Es gibt die *winners* und die *losers*, es gibt den Adel, das, was ich den Staatsadel nenne, Leute, die alle Kennzeichen eines Adels im mittelalterlichen Sinne tragen, die ihr Ansehen und Gewicht aber ihrer Ausbildung verdanken, also geistigen Fähigkeiten, die wie eine Himmelsgabe betrachtet werden, von denen wir aber wissen, daß sie tatsächlich von der Gesellschaft verteilt werden, daß diese Ungleichheiten gesellschaftliche Ungleichheiten sind. Die Ideologie der Kompetenz ist bestens geeignet, eine Gegenüberstellung zu rechtfertigen, die ein wenig der von Herren und Sklaven gleicht: auf der einen Seite Bürger im vollen Wortsinne, die gefragte Kenntnisse besitzen und überbezahlte Tätigkeiten verrichten, die sich ihren Arbeitgeber selbst aussuchen können (während die anderen bestenfalls von ihrem Arbeitgeber ausgesucht werden), die auf dem internationalen Arbeitsmarkt höchste Einkommen erzielen, die überbeschäftigt sind, Männer wie Frauen (es gibt eine wunderschöne englische Studie über diese verrückten Paare, Führungskräfte, die um die Welt jagen, von einem Flugzeug zum anderen stürzen, dabei unglaubliche Gehälter einstreichen, die man in vier Leben nicht ausgeben könnte) – und auf der anderen Seite jene Masse von Menschen, die dauernd von Entlassung bedroht sind oder der Arbeitslosigkeit überantwortet werden.

Max Weber hat gesagt, daß es die Herrschenden immer nach einer »Theodizee ihrer Privilegien« verlange, oder besser, nach einer Soziodizee, einer gedanklichen Rechtfertigung ihrer gesellschaftlichen Sonderrechte. Kompetenz bildet heute das Herzstück dieser Soziodizee, die nicht nur, und ganz naheliegend, von den Herrschenden anerkannt wird, sondern auch von allen anderen.[1] Im Elend der Stellensuchenden, im Elend der Langzeitarbeitslosen scheint heute noch etwas anderes auf als in der Vergangenheit. Die angelsächsische Ideologie hat immer etwas predigerhaft die unmoralischen Armen und jene *deserving poor* – verdienstvolle Arme – auseinandergehalten, die der Mildtätigkeit würdig sind. Zu dieser ethischen Rechtfertigung hat sich heute eine intellektuelle Rechtfertigung gesellt, oder ist sogar an ihre Stelle getreten. Die Armen sind nicht nur unmoralisch, verdorben, Säufer, sie sind dumm und unfähig. Zu den gesellschaftlichen Leiden gehört vor allem auch ein Elend fehlender Schulbildung, die nicht nur die gesellschaftliche Zukunft macht, sondern auch das Bild, das die Menschen von dieser Zukunft haben (zweifellos liegt hier eine der Erklärungen für die »Antriebslosigkeit« der Beherrschten). Platon hatte eine Vision der sozialen Welt, die der unserer Technokraten gleicht, mit den Philosophen, den Führern, und dem Volk. Diese Philosophie ist unterschwellig in das gesamte Schulwesen eingeschrieben. Sie ist sehr mächtig, zutiefst verinnerlicht. Und

---

1 P. Bourdieu, Le racisme de l'intelligence, in *Questions de sociologie*, Paris, Editions de Minuit, 1980, 264–268 (dt. in *Soziologische Fragen*, Frankfurt, Suhrkamp, 1993).

weshalb ist man nun von einem kämpferischen zum »freischwebenden« Intellektuellen gelangt? Sicher auch, weil die Intellektuellen als Besitzer kulturellen Kapitals zu den Herrschenden gehören, selbst wenn sie dort die Beherrschten sind. Das ist eine der Grundlagen ihrer Zwiespältigkeit und erklärt die gegenwärtige Zurückhaltung. Dunkel, verschwommen haben sie an dieser Ideologie der Kompetenz teil. Wenn sie schließlich doch aufbegehren, dann auch, wie 33 in Deutschland, weil man ihnen nicht das zu geben scheint, was sie, kraft ihrer beurkundeten Fähigkeiten, glauben beanspruchen zu dürfen.

Athen, Oktober 1996

## Das Modell Tietmeyer[1]

Ich möchte meine Aufgabe hier und heute nicht darin sehen, Harmoniebedürfnisse zu befriedigen. Das Zerbrechen der Grundlagen gesellschaftlicher Integration ist die direkte Konsequenz einer Politik, einer Wirtschaftspolitik, und nun überläßt man es der Kultur, sie wieder zu flicken. Und nicht selten erwartet man von den Soziologen, daß sie die Scherben dessen, was die Ökonomen zerbrochen haben, wieder zusammenkleben. Anstatt mich also damit zufrieden zu geben, einige, wie man in den Krankenhäusern sagt, Linderungsmittel vorzuschlagen, möchte ich versuchen, die Frage danach zu stellen, was die Medizin selbst zum Bestehen der Krankheit beiträgt. Denn es könnte sein, daß die gesellschaftlichen »Krankheiten«, die wir beklagen, zu einem Großteil das Produkt einer oft bru-

1 Vortrag anläßlich des deutsch-französischen Kulturtreffens zum Thema »Gesellschaftliche Integration als kulturelles Problem« an der Universität Freiburg/Breisgau, Oktober 1996. In leicht veränderter Form bereits abgedruckt in: DIE ZEIT Nr. 45, 1. November 1996, unter dem Titel »Warnung vor dem Modell Tietmeyer. Europa darf sich den neoliberalen Theorien des Bundesbankpräsidenten nicht unterwerfen«.
Neu aus dem Französischen übertragen von Daniela Böhmler.

talen Medizin sind, die denen verabreicht wird, die eigentlich geheilt werden sollen.

Im Flugzeug von Athen nach Zürich habe ich ein Interview mit dem Präsidenten der deutschen Bundesbank gelesen, der unumwunden als der »Hohepriester der D-Mark« präsentiert wurde, und da ich mich hier in einem Zentrum befinde, das für seine traditionsreichen literaturwissenschaftlichen Arbeiten bekannt ist, möchte ich nun eine Art hermeneutischer Analyse dieses Textes skizzieren, den Sie in ungekürzter Fassung in *Le Monde* vom 17. Oktober 1996 finden.

Lesen wir, was der »Hohepriester der D-Mark« sagt: »Es geht heute darum, günstige Voraussetzungen für dauerhaftes Wachstum und das Vertrauen der Investoren zu schaffen. Deshalb müssen die öffentlichen Haushalte unter Kontrolle gehalten werden.« Im Klartext heißt das: so schnell wie möglich den Sozialstaat und, unter anderem, seine teure Sozial- und Kulturpolitik begraben, um die Investoren zu beruhigen, die sich lieber selbst um ihre kulturellen Investitionen kümmern würden. Ich bin mir sicher, daß sie alle romantische Musik und expressionistische Malerei mögen, und ohne daß ich irgendetwas über den Präsidenten der Bundesbank wüßte, bin ich überzeugt, daß er wie der Direktor unserer Nationalbank, Herr Trichet, in seinen freien Stunden Gedichte liest und sich als Mäzen betätigt. Ich lese weiter: »Deshalb müssen die öffentlichen Haushalte unter Kontrolle gehalten werden und das Steuer- und Abgabenniveau auf ein langfristig erträgliches Niveau gesenkt werden.« Das heißt: das Steuer- und Abgabenniveau der Investoren so weit senken, daß es für genau diese Investoren langfristig erträglich wird, um zu vermeiden, daß sie abgeschreckt und dazu ermutigt werden könnten, ihre Investitionen anderswo zu tätigen. Ich fahre in meiner Lektüre fort: »Das soziale Sicherungssystem reformieren«. Das bedeutet, den *welfare state* und seine Politik sozialer Sicherung zu Grabe tragen, da sie imstande sind, das Vertrauen der Investoren zu ruinieren und ihr berechtigtes

Mißtrauen zu erregen, denn schließlich ist man davon überzeugt, daß ihre ökonomischen Errungenschaften – es ist die Rede von sozialen Errungenschaften, man kann aber genauso gut von ökonomischen Errungenschaften sprechen –, also ihre Kapitalanlagen, mit den sozialen Errungenschaften der Arbeiter nicht vereinbar sind, und daß diese ökonomischen Errungenschaften um jeden Preis gerettet werden müssen, selbst wenn dabei die mageren ökonomischen und sozialen Errungenschaften der großen Mehrheit der Bürger des künftigen Europas zugrunde gerichtet werden – dieser Bürger, die man bei uns in Frankreich anläßlich des Streiks vom Dezember 1995 oft als »gut versorgt« und »privilegiert« bezeichnet hat.

Hans Tietmeyer ist überzeugt, daß die sozialen Errungenschaften der Investoren, also ich meine, ihre ökonomischen Errungenschaften, eine Fortführung des derzeitigen sozialen Sicherungssystems nicht überleben würden. Deshalb muß man dieses System *dringend* reformieren, denn die ökonomischen Errungenschaften der Investoren können nicht warten. Und um Ihnen zu beweisen, daß ich ganz und gar nicht übertreibe, werde ich Ihnen nun weiter aus den Worten Hans Tietmeyers vorlesen, dieses hochgeistigen Denkers, der sich in die große Tradition der idealistischen deutschen Philosophie einreiht: »Deshalb müssen die öffentlichen Haushalte unter Kontrolle gehalten werden und das Steuer- und Abgabenniveau auf ein langfristig erträgliches Niveau gesenkt, das soziale Sicherungssystem reformiert und die Starrheiten des Arbeitsmarkts abgebaut werden, denn wir werden nur dann wieder eine neue Wachstumsphase erleben, wenn wir« – dieses »wir« ist herrlich – »wenn wir auf dem Arbeitsmarkt eine Flexibilisierungsanstrengung vollbringen«. Das wär's. Die großen Worte sind gesprochen, und ganz in der großen Tradition des deutschen Idealismus gibt uns Hans Tietmeyer ein wunderbares Beispiel für die euphemistische Rhetorik, die heute auf den Finanzmärkten hoch im Kurs steht, ein Euphemismus, der unverzichtbar ist, um dauerhaft das Vertrauen der Investoren zu gewinnen – und inzwischen wird man wohl verstanden haben, daß dieses Vertrauen das A und das O eines jeden ökonomischen Systems, die Grundlage und das Endziel, das *telos* des künftigen Europas ist. Gleichzeitig ist dieser Euphemismus aber auch nötig, um zu vermeiden, daß sich bei den Arbeitern Mißtrauen und Verzweiflung breit machen, denn schließlich muß man sie trotz allem einrechnen, wenn man diese neue Wachstumsphase, die man ihnen vorgaukelt, haben und sie dazu bringen will, die unverzichtbare Anstrengung zu vollbringen. Denn sie sind es, von denen man trotz allem diese Anstrengung erwartet, auch wenn Hans Tietmeyer, nun endgültig zum Meister der Euphemismen emporgewachsen, erklärt: »[müssen] ... die Starrheiten des Arbeitsmarkts abgebaut werden, denn wir werden nur dann wieder eine neue Wachstumsphase erleben, wenn *wir* auf dem Arbeitsmarkt eine Flexibilisierungsanstrengung vollbringen«. Eine vorzügliche rhetorische Leistung, die folgendermaßen übersetzt werden kann: Nur Mut, liebe Arbeiter! Vollbringen wir gemeinsam diese Flexibilisierungsanstrengung, die von *euch* gefordert wird!

Anstatt eine Frage zur Währungsparität des Euro, zu seinem Verhältnis zum Dollar und zum Yen, zu stellen, hätte der Journalist von *Le Monde*, der sich nicht aus der Ruhe bringen ließ und offensichtlich ebenfalls darum besorgt war, die Investoren und hervorragenden Inserenten unter den Lesern seiner Zeitung nicht zu entmutigen, Herrn Tietmeyer auch nach der Bedeutung dieser Schlüsselbegriffe der Investoren-Sprache fragen können – wie z. B. *Starrheit des Arbeitsmarkts* und *Flexibilität auf dem Arbeitsmarkt*. Würden die Arbeiter eine so unbestritten seriöse Zeitung wie *Le Monde* lesen, wüßten sie sofort, was darunter zu verstehen ist: Nachtarbeit, Wochenendarbeit, unregelmäßige Arbeitszeiten, wachsender Druck, Streß usw. Man kann hier sehen, daß das »Auf-dem-Arbeitsmarkt« wie eine Art homerisches Epitheton funktioniert, und man könnte, um einmal Herrn Tietmeyers sprachliche Flexibilität zu testen, versucht sein, beispielsweise von der Flexibilität oder Starrheit auf den Finanzmärkten zu sprechen. Die Tatsache, daß der Gebrauch dieser Wörter in der hölzernen Sprache des Herrn Tietmeyer so fremd und merkwürdig wirkt, läßt einen vermuten, daß es in seinem Sinne ganz und gar nicht in Frage käme, »die Starrheiten auf den Finanzmärkten abzubauen« oder »eine Flexibilisierungsanstrengung auf den Finanzmärkten zu vollbringen«. Dies wiederum gibt Anlaß zu der These, daß diese Flexibilisierungsanstrengung – entgegen dem, was uns Herrn Tietmeyers »Wir« und »Wenn-wir-eine-Anstrengung-vollbringen« glauben machen möchte – von den Arbeitern und ausschließlich von ihnen gefordert wird, und daß auch sie es sind, an die die in diesen Sätzen enthaltene Drohung, die schon einer Erpressung nahe kommt, gerichtet ist: »Denn wir werden nur dann wieder eine neue Wachstumsphase erleben, wenn wir auf dem Arbeitsmarkt eine Flexibilisierungsanstrengung vollbringen«. Mit anderen Worten: gebt heute *eure* sozialen Errungenschaften auf, um das Vertrauen der Investoren nicht zu gefährden, und dies zugunsten eines Wachstums, welches *uns* morgen zugute kommen wird. Diese Logik ist den betroffenen Arbeitern durchaus bekannt; die Partizipationspolitik, die ihnen früher einmal der Gaullismus angeboten hat, ließ sich folgendermaßen auf den Punkt bringen: »Gib mir deine Uhr und ich sage dir, wie spät es ist.«

Noch ein letztes Mal möchte ich aus den Äußerungen Hans Tietmeyers zitieren: »Es geht heute darum, günstige Voraussetzungen für dauerhaftes Wachstum und das Vertrauen der Investoren zu schaffen. Deshalb …« – bitte beachten Sie das »Deshalb« – »… müssen die öffentlichen Haushalte unter Kontrolle gehalten werden und das Steuer- und Abgabenniveau auf ein langfristig erträgliches Niveau gesenkt, das soziale Sicherungssystem reformiert und die Starrheiten des Arbeitsmarkts abgebaut werden, denn wir werden nur dann wieder eine neue Wachstumsphase erleben, wenn wir auf dem Arbeitsmarkt eine

Flexibilisierungsanstrengung vollbringen«. Daß ein so außerordentlicher Text Gefahr lief, keine größere Beachtung zu finden und der Kurzlebigkeit der täglich wechselnden Artikel in Tageszeitungen geweiht zu sein, liegt daran, daß er perfekt in den »Erwartungshorizont« der meisten Tageszeitungsleser paßt. Und dies wirft die Frage danach auf, wie ein so weit verbreiteter »Erwartungshorizont« erzeugt und verbreitet werden konnte (denn das Mindeste, wodurch man die Rezeptionstheorien, deren Anhänger ich nicht gerade bin, ergänzen müßte, ist die Frage nach der Herkunft dieses »Horizontes«). Dieser Horizont ist das Ergebnis einer gesellschaftlichen, oder besser, politischen Arbeit. Daß man über die Worte aus Herrn Tietmeyers Diskurs so leicht hinwegliest, liegt daran, daß sie überall hoch im Kurs stehen. Sie gehen durch aller Munde, werden weitergereicht wie eine gängige Währung und überall ohne Zögern akzeptiert – genau wie eine stabile und natürlich starke Währung, eben genau wie eine so stabile, vertrauens- und glaubwürdige Währung wie die D-Mark: »dauerhaftes Wachstum«, »Vertrauen der Investoren«, »öffentliche Haushalte«, »soziales Sicherungssystem«, »Starrheit«, »Arbeitsmarkt«, »Flexibilität«, und man müßte noch hinzufügen: »Globalisierung« (aus einer anderen Zeitung, die ich ebenfalls auf dem Flug von Athen nach Zürich gelesen habe, erfuhr ich, daß – weiteres Zeichen für die große Verbreitung dieses Wortes – selbst die Köche von »Globalisierung« reden, um die französische Küche zu verteidigen ...), »Flexibilisierung«, »Steuersenkung« – ohne genau zu sagen, um welche Steuern es sich handeln soll –, »Wettbewerbsfähigkeit«, »Produktivität« etc.

Dieser sich ökonomisch gebende Diskurs kann sich nur dann über die engeren Kreise seiner Urheber hinaus verbreiten, wenn er auf die Mitarbeit einer großen Anhängerschaft aus Politikern, Journalisten und einfachen Bürgern zählen kann, die über einen ausreichend ökonomischen Anstrich verfügen, um sich an der allgemeinen Verbreitung ungenügend definierter Begriffe aus einer ökonomischen Vulgata beteiligen zu können. Einen guten Hinweis auf das, was dieses ständige mediale Wiederkäuen bewirkt, stellen die Fragen des Journalisten dar, der in gewisser Weise den Erwartungen des Herrn Tietmeyer zuvorkommt, so sehr ist er bereits im voraus von den erwarteten Antworten erfüllt. Mithilfe solcher passiver Komplizenschaften konnte sich die sogenannte neoliberale, in Wirklichkeit aber konservative Sichtweise Schritt für Schritt durchsetzen, die auf dem einem anderen Zeitalter angehörenden Glauben an die historische Unabwendbarkeit beruht – ein Glaube, der vom Primat der Produktivkräfte ausgeht und keine anderen Formen der Regulierung kennt als die konkurrierenden Bestrebungen individueller Produzenten. Und vielleicht ist es kein Zufall, daß viele Leute gerade aus meiner Generation ohne große Mühe von einem marxistischen zu einem neoliberalen Fatalismus hinübergewechselt sind. In beiden Fällen hat der Ökonomismus dadurch, daß er der Politik die Bedeutung abspricht, ein Schwinden des Verantwortungsgefühls und eine Demobilisierung zur Folge, denn eine ganze Reihe von Zielen – wie maximales Wachstum, Wettbewerbsfähigkeit und Produktivität – werden einfach vorgegeben und stehen nicht mehr zur Diskussion. Den Präsidenten der Bundesbank zu einem Meisterdenker zu machen, bedeutet, eine solche Philosophie zu akzeptieren. Erstaunlich ist allerdings, daß sich diese fatalistische Botschaft den Anstrich einer Befreiungsbotschaft gibt, und zwar indem sie sich einer Reihe lexikalischer Spielereien mit Begriffen wie Freiheit, Befreiung, Deregulierung etc. bedient, einer Reihe von Euphemismen und eines doppelbödigen Wortspiels – zum Beispiel mit dem Wort »Reform« –, das darauf abzielt, eine Restauration als eine Revolution zu präsentieren, entsprechend einer Logik, die die Logik jedweder konservativen Revolution ist.

Bevor wir zum Ende kommen, will ich noch einmal auf ein Schlüsselwort aus Herrn Tietmeyers Diskurs zu sprechen kommen: *das Vertrauen der Märkte.* Dieser Begriff hat das Verdienst, ein klares Licht auf die historische Entscheidung zu werfen, vor die alle Machthabenden gestellt sind: sie müssen zwischen dem Vertrauen der Märkte und dem Vertrauen des Volkes wählen. Einer neueren Untersuchung zur Einstellung der französischen Bevölkerung gegenüber den Politikern zufolge, werfen ihnen zwei Drittel der Befragten die Unfähigkeit vor, zuzuhören und dem Rechnung zu tragen, was die Franzosen denken. Bei den Anhängern des *Front National* (FN) ist dieser Vorwurf besonders verbreitet – und dabei beklagt man ständig den unaufhaltsamen Aufstieg des FN, ohne auch nur einen Augenblick lang in Betracht zu ziehen, daß es z.B. einen Zusammenhang zwischen *Front National* und Weltwährungsfond geben könnte. (Dieses mangelnde Vertrauen in die Politiker ist bei jungen Leuten zwischen 18 und 34 Jahren, bei Arbeitern und Angestellten sowie bei den Sympathisanten der kommunistischen Partei und des FN besonders ausgeprägt. Auch bei den Anhängern der anderen Parteien ist er relativ hoch, bei den Sympathisanten der sozialistischen Partei liegt er sogar bei 64 %, was durchaus auch in einem Zusammenhang mit dem Aufstieg des FN steht). Wenn man das Vertrauen der Finanzmärkte, das man um jeden Preis retten will, mit dem Mißtrauen der Bürger in Beziehung setzt, sieht man vielleicht besser, wo die Wurzel der Krankheit zu suchen ist. Abgesehen von einigen Ausnahmen, ist die Ökonomie eine abstrakte Wissenschaft, die auf der absolut ungerechtfertigten Trennung zwischen dem Wirtschaftsleben und dem Sozialen beruht, für die der Ökonomismus steht. Diese Trennung ist ausschlaggebend für das Scheitern jeder Politik, die kein anderes Ziel kennt als die Rettung der »ökonomischen Ordnung und Stabilität«, dieser neuen axiomatischen Zielvorgabe, zu deren treuem Diener sich Herr Tietmeyer gemacht hat. Für dieses Scheitern, zu dem die politische Blindheit einiger führt, werden wir alle zu zahlen haben.

Freiburg, Oktober 1996

## Der Beruf der Wissenschaft und die soziale Bewegung[1]

DIE SOZIALE BEWEGUNG vom Dezember 1995 sucht, was ihr Ausmaß und ihre Ziele angeht, ihresgleichen. Daß ihr seitens eines beachtlichen Anteils der französischen Bevölkerung wie auch im Ausland so große Bedeutung beigemessen wurde, liegt daran, daß sie vollkommen neue Ziele in die sozialen Kämpfe eingebracht hat. Zwar noch verschwommen und erst in Umrissen erkennbar, hat sie ein regelrechtes Gesellschaftsprojekt vorgelegt, welches mit kollektiver Unterstützung gegen das Widerstand leisten kann, was von der herrschenden Politik und den konservativen Revolutionären, die gegenwärtig in den politischen Instanzen und den Instanzen der Diskursproduktion an der Macht sind, durchgesetzt wird.

Als ich mir die Frage stellte, was die Forscher denn zu einem Unternehmen wie den »Generalständen« beitragen könnten, kam ich, nachdem mir die spezifisch kulturelle und ideologische Dimension dieser konservativen Revolution aufgegangen war, zu der Überzeugung, daß ihre Anwesenheit absolut not-

1 Vortrag auf der Gründungsversammlung der »Generalstände der sozialen Bewegung«, Paris, 23.–24. November 1996. Aus dem Französischen übertragen von Andreas Pfeuffer.

wendig ist. Der Grund für die Billigung der Dezember-Bewegung durch eine so große Mehrheit liegt darin, daß sie nicht als Verteidigung sozialer Errungenschaften einer einzelnen Gesellschaftskategorie wahrgenommen wurde – auch wenn eine spezifische gesellschaftliche Kategorie aufgrund ihrer besonderen Betroffenheit dabei die Speerspitze gebildet hat –, sondern von Errungenschaften einer Gesellschaft als ganzer, ja sogar einer ganzen Reihe von Gesellschaften: Diese Errungenschaften betreffen die Arbeit, das öffentliche Bildungswesen, den öffentlichen Personenverkehr, also alles, was öffentlich ist; ebenso auch den Staat, diese Institution, die – entgegen dem, was man uns glauben machen will – nicht notwendigerweise archaisch und rückschrittlich ist.

Daß diese Bewegung sich ausgerechnet in Frankreich gebildet hat, ist kein Zufall. Es gibt dafür historische Gründe. Doch was Beobachter verblüffen dürfte, ist der Umstand, daß sie auf wechselnden Schauplätzen in Erscheinung tritt, und zwar sowohl in immer wieder neuen Spielarten innerhalb Frankreichs – wer hätte etwa die Bewegung der LKW-Fahrer in dieser Form erwartet – als auch in ganz Europa: gegenwärtig in Spanien; vor einigen Jahren in Griechenland und in Deutschland, wo die Bewegung sich von ihrem französischen Gegenstück hat anregen lassen und explizit auch ihre Wahlverwandtschaft mit ihr geltend gemacht hat; schließlich sogar in Korea – was aus symbolischen und praktischen Gründen ganz besonders bedeutsam ist. Diese Art Kampf in wechselndem Gewand befindet sich, wie mir scheint, auf der Suche nach seiner theoretischen und vor allem praktischen Einheit. Die französische Bewegung läßt sich als die Avantgarde eines weltweiten Kampfes gegen den Neoliberalismus und gegen die neue Konservative Revolution ansehen, innerhalb dessen die symbolische Dimension eine äußerst wichtige Rolle spielt. Ich denke, daß eine der Schwächen aller fortschrittlichen Bewegungen gerade darin liegt, daß sie die Bedeutsamkeit dieser Dimension unterschätzen und immer noch nicht die passenden Waffen zu ihrer Bekämpfung geschmiedet haben. Die sozialen Bewegungen weisen im Vergleich zu ihren Gegnern, welche auf Kommunikations- und Fernsehberater zurückgreifen können, einen Rückstand von mehreren symbolischen Revolutionen auf.

Die konservative Revolution beruft sich auf den Neoliberalismus, gibt sich also einen wissenschaftlichen Anstrich und verleiht sich damit die Fähigkeit, als Theorie wirksam zu werden. Einer der theoretischen und praktischen Irrtümer vieler Theorien – angefangen bei der marxistischen – hat darin bestanden, die Wirksamkeit von Theorie außer acht zu lassen. Diesen Fehler dürfen wir nicht mehr begehen. Wir haben es mit Gegnern zu tun, die sich mit Theorien wappnen, und es geht meines Erachtens nun darum, ihnen geistige und kulturelle Waffen entgegenzusetzen. Aufgrund der Arbeitsteilung sind manche besser zum Führen dieses Kampfes gerüstet als andere, eben weil das ihr Beruf ist. Und eine gewisse Anzahl von ihnen ist bereit, sich an die Arbeit zu machen. Was können sie nun beitragen? Zunächst eine gewisse Autorität. Als was hat man die Leute bezeichnet, die die Regierung im Dezember unterstützt haben? Als Experten, und das, obwohl sie alle zusammen nicht einmal das ABC eines Erstsemesters in Wirtschaftswissenschaften beherrschen. Diesem Autoritätseffekt gilt es, einen Autoritätseffekt entgegenzusetzen.

Doch das ist nicht alles. Die Macht wissenschaftlicher Autorität, die auf die soziale Bewegung und bis ins Bewußtsein der Beschäftigten ausgeübt wird, ist sehr groß. Sie bewirkt eine Art Demoralisierung. Einer der Gründe für ihre Macht liegt darin, daß sie sich in den Händen von Leuten befindet, die sich scheinbar alle vollkommen einig sind. Und Konsens gilt ja im allgemeinen als Zeichen von Wahrheit. Ein weiterer Grund liegt in dem Umstand, daß sie mit den offensichtlich machtvollsten Instrumenten daherkommt, über die das Denken heutzutage verfügt, besonders der Mathematik. Die Rolle dessen, was man die herrschende Ideologie nennt, wird heutzutage möglicherweise von einer bestimmten Gebrauchsweise der Mathematik gespielt (natürlich ist das etwas übertrieben, aber damit möchte ich die Aufmerksamkeit darauf lenken, daß die Arbeit der Rationalisierung – also der Umstand, Gründe zur Rechtfertigung von Dingen anzuführen, die häufig gar nicht zu rechtfertigen sind – aktuell in der mathematischen Ökonomie ein wirkungsvolles Instrument gefunden hat). Dieser Ideologie, die ein schlicht und einfach konservatives Denken unter dem Deckmantel reiner Vernunft präsentiert, gilt es vernünftige Gründe, Argumente, Widerlegungen, Beweise entgegenzusetzen, kurzum: es gilt wissenschaftliche Arbeit zu leisten.

Eine der Stärken des neoliberalen Denkens besteht darin, daß es sich als eine Art »große Kette des Seins«[1] präsentiert. Wie in der alten theologischen Metapher, bei der am einen Ende Gott steht, von wo man dann über eine Reihe von Gliedern bis zu den niedersten Realitäten hinabsteigt. In der Verschwommenheit des Neoliberalismus steht ganz oben, an Gottes Stelle, ein Mathematiker, ganz unten steht ein Ideologe von *Esprit*[2], der zwar keine große Ahnung von Ökonomie hat, dank einer Tünche aus technischem Vokabular jedoch den Anschein erwecken kann, er verstünde ein wenig davon. Diese mächtige Kette übt einen Autoritätseffekt aus. Sogar unter den in der Bewegung Engagierten bestehen gewisse Zweifel, die zum Teil aus der Tatsache resultieren, daß es im wesentlichen die gesellschaftliche Kraft der Theorie ist, welche den Worten der Herren Trichet und Tietmeyer oder diesem oder jenem Essayisten Geltung verleiht, also keine Aneinanderkettung von Beweisen, sondern eine Kette von Autoritäten, die vom Mathematiker

---

1 Anspielung auf *The Great Chain of Being* von Arthur Lovejoy.

2 *Esprit* ist eine intellektuelle Zeitschrift, die der »christlichen Subjektphilosophie« nahesteht und das Zentrum der Intellektuellenbewegung zur Unterstützung der Juppé-Reform bildet.

zum Bankier, vom Bankier zum Journalisten-Philosophen und vom Essayisten zum Journalisten führt. Und außerdem ein Kanal, in dem Geld und alle Arten von ökonomischen und gesellschaftlichen Vergünstigungen, internationale Einladungen und Ansehen hin- und herfließen. Wir Soziologen können, ohne ins Denunzieren zu verfallen, diese Netzwerke demontieren und aufzeigen, daß dem Zirkulieren von Gedanken unterschwellig eine Zirkulation von Macht zugrundeliegt. Es gibt Leute, die ideologische Dienstleistungen gegen Machtpositionen eintauschen. Man müßte hier Beispiele anführen, doch es genügt, aufmerksam die Liste der Unterzeichner der vielzitierten »Experten-Petition« zu lesen. Interessant daran ist nämlich die Tatsache, daß sich die verborgenen Verbindungen zwischen Leuten, die gewöhnlich jeder für sich arbeiten – obwohl man sie oft paarweise in den Scheindebatten im Fernsehen sieht –, zwischen Stiftungen, Vereinigungen, Zeitschriften usw. hier in aller Öffentlichkeit enthüllen.

Diese Leute führen hier kollektiv und in größter Einstimmigkeit einen fatalistischen Diskurs, der sich dadurch auszeichnet, wirtschaftliche Tendenzen in Schicksal zu verwandeln. Nun können jedoch die gesellschaftlichen und ökonomischen Gesetze usw. nur dann wirksam werden, wenn man sie gewähren läßt. Und daß die Konservativen für das Laisser-faire eintreten, liegt daran, daß diese Gesetze mit Tendenzcharakter im allgemeinen konservativ sind und das Laisser-faire benötigen, um das Bestehende bewahren zu können. Besonders die Gesetze der Finanzmärkte, von denen man uns dauernd erzählt, sind Gesetze des Bewahrens, weil sie das Laisser-faire benötigen, um wirksam zu werden.

Man müßte das hier weiterentwickeln, untermauern und vor allem nuancieren. Ich bitte um Entschuldigung dafür, daß das Gesagte etwas zu sehr vereinfacht. Was die soziale Bewegung betrifft, so kann sie schon zufrieden sein, daß es sie überhaupt gibt. Sie sorgt schon für genügend Scherereien, da wird man sie nicht auch noch darum bitten, Rechtfertigungen zu produzieren. Die Intellektuellen, die sich der sozialen Bewegung anschließen, fragt man dagegen sofort: »Aber was schlagen Sie vor?« Wir dürfen nicht in die Falle des Programms tappen. Dafür gibt es nun wirklich genügend Parteien und Apparate. Was wir tun können, ist nicht die Entwicklung eines Gegenprogramms, sondern eines interdisziplinären und internationalen kollektiven Forschungsdispositivs, welches Forscher, politisch Handelnde, deren Vertreter usw. versammelt. Dabei kommt den Forschern eine genau definierte Rolle zu: Sie können auf besonders wirksame Weise, da das nun einmal ihr Beruf ist, zusammen mit den in der Bewegung aktiven Leuten an Arbeits- und Reflexionsgruppen teilnehmen.

Das schließt von vornherein einige andere Rollen aus: Die Forscher sind keine Weggefährten, also Geiseln und Bürgen, Petitionen unterzeichnende Ölgötzen und Alibis, derer man sich entledigt, sobald man sie benutzt hat; sie sind ebensowenig schdanovistische Apparatschiks, die in den sozialen Bewegungen die mit einem intellektuellen Anstrich versehene Macht ausüben können, welche ihnen im intellektuellen Leben versagt geblieben ist; und sie sind auch keine Experten, die Lektionen erteilen – ja nicht einmal Anti-Experten-Experten; sie sind auch keine Propheten, die auf alle möglichen Fragen zur sozialen Bewegung bzw. deren Zukunft Antworten geben werden. Sie sind Leute, die bei der Funktionsbestimmung von Instanzen dieser Art hilfreich sein können. Oder die daran erinnern können, daß die hier versammelten Personen nicht als Wortführer anwesend sind, sondern als Bürger, die mit Ideen und Argumenten an einen Ort der Diskussion und der Forschung kommen und ihre ideologischen Phrasen, Plattformen und die Gepflogenheiten, die in ihren Apparaten herrschen, daheim lassen. Das ist nicht immer leicht. Zu den Gepflogenheiten in den Apparaten, die wieder aufzukommen drohen, gehören die Bildung von Ausschüssen, häufig schon im voraus erstellte Syntheseanträge usw. Die Soziologie lehrt uns, wie Gruppen funktionieren und wie man sich der Gesetze bedienen kann, nach denen Gruppen funktionieren, um sie zu durchkreuzen.

Es gilt, neue Kommunikationsformen zwischen Forschern und politisch Aktiven bzw. eine neue Arbeitsteilung zwischen ihnen zu erfinden. Eine der Missionen, welche die Forscher vielleicht besser als alle anderen erfüllen können, besteht im Kampf gegen die Berieselung durch die Medien. Wir hören den lieben langen Tag stereotype Phrasen. Man kann das Radio nicht anschalten, ohne daß vom »globalen Dorf«, von »Globalisierung« usw. die Rede ist. Das sind Begriffe, die nach nichts aussehen, die aber eine ganze Philosophie im Schlepptau führen, eine ganze Weltsicht, welche Fatalismus und Schicksalsergebenheit erzeugt. Man kann dieser Berieselung durch eine Kritik an den Worten entgegenwirken und indem man den Laien dabei hilft, sich mit Waffen des Widerstands zu wappnen, um die Autoritätseffekte, die Macht des Fernsehens, dem eine absolut kapitale Rolle zukommt, zu bekämpfen. Soziale Kämpfe lassen sich heute nicht mehr führen, ohne daß man über Programme für den spezifischen Kampf mit oder gegen das Fernsehen verfügt. Ich verweise hier auf das Buch Patrick Champagnes, *Faire l'opinion*, das eine Art Handbuch für den politisch Engagierten sein könnte.[1] Bei diesem Kampf ist besonders die Auseinandersetzung mit den Medienintellektuellen von Bedeutung. Mir jedenfalls rauben diese Leute nicht den Schlaf und ich denke nie an sie, wenn ich schreibe, doch spielen sie vom politischen Gesichtspunkt aus eine äußerst gewichtige Rolle, und es wäre wünschenswert, daß einige Forscher einen Teil ihrer Zeit und Energie darauf verwendeten, ihr Tun aktiv und gezielt zu durchkreuzen.

Weiteres Ziel: die Erfindung neuer symbolischer Aktionsformen. An diesem Punkt sind die sozialen Bewegungen, abgesehen von einigen historischen Ausnahmen, im Rückstand. In

---

1 P. Champagne, *Faire l'opinion*, Ed. de Minuit, Paris 1992.

seinem Buch zeigt Patrick Champagne, wie es kommt, daß so manche großangelegte Mobilisierung nur geringen Widerhall in der Presse und im Fernsehen finden kann, ganz im Gegensatz zu winzigen Demonstrationen, die aber so inszeniert sind, daß sie das Interesse der Journalisten wecken. Es geht freilich nicht darum, gegen die Journalisten zu kämpfen. Auch sie sind ja den Zwängen der Prekarisierung unterworfen, mit sämtlichen zensierenden Wirkungen, die das in allen Berufen der Kulturproduktion nach sich zieht. Aber es ist von höchster Bedeutung zu wissen, daß ein enormer Anteil dessen, was wir sagen oder tun können, gefiltert wird, was häufig heißt, daß es durch das, was Journalisten darüber sagen, zunichte gemacht wird. Das gilt auch für das, was wir hier tun werden. Nun, das ist eine Bemerkung, die sie in ihren Berichterstattungen sicher nicht wiedergeben werden …

Um zum Abschluß zu kommen, möchte ich sagen, daß eines der Probleme darin besteht, reflexiv zu sein – das Wort klingt etwas hochgestochen, ich verwende es aber nicht grundlos. Unsere Aufgabe besteht nicht nur darin, Antworten zu erfinden, sondern einen Stil der Erfindung von Antworten zu erfinden, eine neue Organisationsform der Protestarbeit und der Organisation des Protests, des politischen Engagements. Wir Forscher können zumindest davon träumen, daß ein Teil unserer Forschungen der sozialen Bewegung nützen könnte, anstatt verloren zu gehen, wie dies heutzutage so oft der Fall ist, weil sie von Journalisten oder feindlich gesinnten Interpreten usw. unterschlagen oder entstellt werden. Im Rahmen von Gruppen wie »Raisons d'agir« suchen wir nach neuen Ausdrucksformen, mit Hilfe derer der Erfahrungsschatz der fortgeschrittensten Forschung den Aktiven an der Basis vermittelt werden kann. Doch das erfordert auch seitens der Forscher einen Wandel in ihrer Sprache und ihrer Geisteshaltung.

Um auf die soziale Bewegung zurückzukommen: Wie bereits gesagt, denke ich, daß wir es mit einem Kampf an wechselnden Schauplätzen gegen den neoliberalen Imperialismus zu tun haben – ich hätte da auch die Streiks der Studenten und die der Lehrer in Belgien, die Streiks in Italien usw. anführen können –, mit Kämpfen, die meist keine Kenntnis voneinander haben (und die auch Formen annehmen können, die nicht immer sympathisch sind, wie manche Spielarten des Fundamentalismus). Wir müssen zumindest die einschlägigen Informationen grenzüberschreitend bündeln und zirkulieren lassen. Wir müssen den Internationalismus, der vom sowjetischen Internationalismus vereinnahmt und veruntreut wurde, neu erfinden. Das bedeutet, Formen des theoretischen Denkens und praktische Aktionsformen zu erfinden, die dem Niveau angemessen sind, auf dem der Kampf stattfinden muß. Wenn es stimmt, daß der Großteil der herrschenden ökonomischen Kräfte auf globalem, transnationalem Niveau agiert, dann gibt es freilich hier eine Leerstelle, nämlich die der transnationalen Kämpfe. Eine theoretische Leerstelle, weil sie nicht gedacht wird; und praktisch eine Leerstelle, weil es keine wirkliche internationale Organisation derjenigen Kräfte gibt, die zumindest auf europäischer Ebene die neue konservative Revolution vereiteln könnten.

Paris, November 1996

## Für einen neuen Internationalismus[1]

DIE VÖLKER EUROPAS stehen heute an einem Wendepunkt ihrer Geschichte, denn die Errungenschaften aus mehreren Jahrhunderten sozialer Auseinandersetzungen, aus langwierigen intellektuellen und politischen Kämpfen um die Würde der Arbeiter sind unmittelbar bedroht. Die Bewegungen, die man überall in Europa und darüber hinaus, bis hin nach Korea, beobachten kann, diese Bewegungen, die in Deutschland, Frankreich, Griechenland, Italien usw. offensichtlich ohne eigentliche Koordination aufeinanderfolgen, sind allesamt als Auflehnung gegen eine Politik zu begreifen, welche zwar in den verschiedenen Bereichen und Ländern unterschiedliche Formen aufweist, hinter der aber immer dieselbe Intention steckt, nämlich die Zerstörung der sozialen Errungenschaften, die, was auch immer dazu gesagt wird, zu den höchsten Errungenschaften der Zivilisation gehören. Es geht darum, diese Errungenschaften zu universalisieren, sie über die ganze Welt zu verbreiten, sie zu globalisieren, anstatt die »Globalisierung«

1 Stellungnahme anläßlich des 3. Forums des Hessischen DGB am 7. Juni 1997 in Frankfurt am Main. Aus dem Französischen übertragen von Jörg Ohnacker.

und die Konkurrenz der ökonomisch und sozial weniger entwickelten Länder zum Vorwand für ihre Infragestellung zu nehmen. Nichts ist natürlicher und legitimer als die Verteidigung dieser Errungenschaften, auch wenn manche sie als eine Form des Konservatismus oder Archaismus hinstellen wollen. Würde man denn die Verteidigung der kulturellen Errungenschaften der Menschheit, würde man Kant oder Hegel, Mozart oder Bach als konservativ verdammen? Die sozialen Errungenschaften, von denen ich spreche, wie das Recht auf Arbeit und die soziale Absicherung, für die Männer und Frauen gelitten und gekämpft haben, sind nicht minder hochrangige und wertvolle Errungenschaften, die im übrigen nicht nur in Museen, Bibliotheken und Akademien fortexistieren, sondern im Leben der Menschen selbst lebendig und wirksam bleiben und ihre tägliche Existenz prägen. Deshalb komme ich nicht umhin, ein Gefühl der Entrüstung angesichts derer zu empfinden, die als Verbündete der brutalsten ökonomischen Kräfte diejenigen verurteilen, die ihre manchmal als »Privilegien« bezeichneten Errungenschaften und damit auch die Errungenschaften aller Männer und Frauen in Europa und anderswo verteidigen.

Der Aufruf, den ich vor einigen Monaten an Herrn Tietmeyer gerichtet habe, ist oft falsch verstanden worden. Das liegt daran, daß er als Antwort auf eine schlecht gestellte Frage verstanden wurde, weil diese Frage aus genau der Logik des neoliberalen Denkens heraus gestellt wurde, das Herr Tietmeyer für sich in Anspruch nimmt. Diese Sichtweise setzt voraus, daß der von der Schaffung des Euro symbolisierte Währungszusammenschluß die obligatorische Voraussetzung, die notwendige und ausreichende Bedingung für den politischen Zusammenschluß Europas ist. Anders gesagt wird darauf bestanden, daß sich der politische Zusammenschluß Europas notwendigerweise und unabwendbar aus dem Währungszusammenschluß ergibt. Das bedeutet, daß jeder Widerstand gegen die Politik des Währungszusammenschlusses und ihre Vertreter, zu denen Herr Tietmeyer gehört, als Widerstand gegen den politischen Zusammenschluß und damit als »antieuropäisch« verstanden wird.

Dem ist jedoch nicht so. Es geht hier um die Frage der Rolle des Staates (also der momentan bestehenden europäischen Nationalstaaten oder des zu schaffenden gesamteuropäischen Staates), vor allem im Hinblick auf den Schutz der gesellschaftlichen Rechte, es geht um die Rolle des Sozialstaates, der allein in der Lage ist, den unerbittlichen Mechanismen der sich selbst überlassenen Ökonomie entgegenzuwirken. Man kann durchaus gegen das Europa eines Herrn Tietmeyer sein, das als Stützpunkt für die Finanzmärkte dient, und gleichzeitig für ein Europa, das mittels konzertierter Politik der ungebremsten Gewalt dieser Märkte Einhalt gebietet. Aber nichts deutet darauf hin, daß wir eine solche Politik von dem Europa der Bankiers, das uns gerade beschert wird, erwarten können. Man kann vom Währungszusammenschluß nicht erwarten, daß er den gesellschaftlichen Zusammenschluß sicherstellt. Ganz im Gegenteil: es ist bekannt, daß die Staaten, die ihre Wettbewerbsfähigkeit im Geltungsbereich des Euros auf Kosten ihrer Partner behaupten wollen, über keine anderen Mittel verfügen, als mittels einer Verringerung der Sozialabgaben die Lohnkosten zu senken. Für die Staaten, die nicht mehr mit den Wechselkursen operieren können, stehen dann *Sozialdumping*, Lohnabbau und die »Flexibilisierung« des Arbeitsmarktes als alleinige Instrumente zur Verfügung. Zu den Folgen dieser Mechanismen wird sich dann zweifellos noch der Druck von »Währungshütern« wie der Bundesbank und ihrer Leitung gesellen, die unaufhörlich »Lohnsenkungspolitik« predigen. Nur ein europäischer Sozialstaat wäre in der Lage, der *desintegrativen* Wirkung der Ökonomie des Geldes entgegenzusteuern. Herr Tietmeyer und die Neoliberalen wollen aber weder Nationalstaaten, die sie ganz einfach als Hindernisse für eine freie Wirtschaft betrachten, noch, a fortiori, einen wirklich supranationalen Staat, dessen Funktion sie auf die einer Bank reduzieren möchten. Wenn sie demzufolge die Absicht haben, sich der Nationalstaaten (oder des Ministerrates der Staaten der Gemeinschaft) zu entledigen, indem sie deren Macht beschneiden, dann natürlich keinesfalls mit dem Ziel, an ihrer Stelle einen supranationalen Staat zu schaffen, der ihnen mit noch mehr Machtbefugnissen vor allem in der Sozialpolitik die Zwänge auferlegen könnte, aus denen sie sich um jeden Preis befreien wollen.

Man kann also einem europäischen Zusammenschluß, der sich einzig auf die gemeinsame Währung gründet, ablehnend gegenüberstehen, ohne dabei den politischen Zusammenschluß Europas abzulehnen; im Gegenteil: man muß die Schaffung eines europäischen Staates fordern, der in der Lage ist, die europäische Bank zu kontrollieren, und der, um es präziser auszudrücken, in der Lage ist, durch Gegensteuerung die sozialen Auswirkungen der Union zu kontrollieren, die, gemäß einer neoliberalen Philosophie mit dem Ziel, sämtliche Relikte des (Sozial-)Staates als Hindernisse für ein reibungsloses Funktionieren der Märkte zu beseitigen, auf eine rein monetäre Dimension reduziert wird.

Sicher ist, daß die internationale (und insbesondere die innereuropäische) Konkurrenz ein Hindernis für die isolierte Durchsetzung des sogenannten »Regressionsverbotes« *in einem einzelnen Land* darstellt. Das läßt sich gut am Beispiel der Arbeitszeitverkürzung oder der Ankurbelung der Wirtschaft feststellen (trotz des Umstandes, daß sich die Arbeitszeitverkürzung aufgrund einer wahrscheinlichen Steigerung der Produktivität teilweise selbst finanziert und die Freistellung enormer Summen mit sich bringt, die sonst zum Auffangen der Arbeitslosigkeit verwendet werden müßten). John Major hatte dies gut begriffen und zynisch bemerkt: »Ihr bekommt die Soziallasten und wir die Arbeit«. Das haben auch jene deutschen Arbeitgeber begriffen, die damit begonnen haben, bestimmte Unternehmen nach Frankreich auszulagern, wo der Abbau der sozialen Rechte schon weiter »fortgeschritten« ist. Wenn es also stimmt, daß die Konkurrenz im wesentlichen innereuropäisch ist – und es stimmt, denn *rund drei Viertel des Außenhandels der europäischen Länder spielen sich nun einmal innerhalb der Grenzen Europas ab* –, und wenn es richtig ist, daß französische Arbeiter ihren deutschen Kollegen die Arbeitsplätze wegnehmen und umgekehrt, dann wird klar, daß die Auswirkungen einer Verkürzung der Arbeitszeit ohne Lohneinbußen sehr abgeschwächt würden, wenn eine solche Maßnahme im gesamteuropäischen Rahmen beschlossen und umgesetzt werden könnte.

Das gleiche gilt für die politischen Maßnahmen zur Ankurbelung der Nachfrage oder zur Investition in neue Technologien, die, wie von den Halbklugen endlos wiedergekäut, für ein einzelnes Land sinnlos oder ruinös, im kontinentalen Rahmen aber durchaus vernünftig sind. Und das gilt, allgemeiner, auch für jegliches Handeln, das sich an den Prinzipien einer echten Ökonomie des Glücks orientiert, die in der Lage ist, allen symbolischen und materiellen Gewinnen und Kosten, die aus menschlichem Verhalten und insbesondere aus Aktivität und Inaktivität entstehen, Rechnung zu tragen. Kurz gesagt: es ist unerläßlich, dem Europa des Geldes, das die sozialen Errungenschaften zerstört, ein soziales Europa gegenüberzustellen, das auf ein Bündnis der Arbeitnehmer der verschiedenen europäischen Länder gegründet und in der Lage ist, jene Bedrohungen zu neutralisieren, die, vor allem über das Sozialdumping, von den Arbeitnehmern eines jeden Landes auf diejenigen der anderen Länder ausgehen.

Angesichts dieser Perspektive, und um die Ebene des einfachen, abstrakten Programms zu verlassen, muß ein neuer Internationalismus geschaffen werden. Diese Aufgabe kommt in erster Linie den gewerkschaftlichen Organisationen zu. Aber der Internationalismus ist nicht nur, in seiner traditionellen Form, durch die Unterwerfung unter den sowjetischen Imperialismus diskreditiert, sondern steht auch vor dem großen Hindernis, daß die gewerkschaftlichen Strukturen national (sie sind an den Staat gebunden und zum Teil von ihm geschaffen) und durch unterschiedliche historische Traditionen voneinander getrennt sind: in Deutschland besteht zum Beispiel eine starke Autonomie der Sozialpartner, während in Frankreich eine schwache gewerkschaftliche Tradition mit einem starken Staat konfrontiert ist. Zudem gibt es große Unterschiede bei den Formen der sozialen Absicherung: in England etwa wird sie weitgehend über Steuern finanziert, in Deutschland und Frankreich primär über Beitragszahlungen. Auf europäischer Ebene gibt es in dieser Hinsicht so gut wie nichts. Das sogenannte »soziale Europa«, um das sich die »Hüter des Euro« wenig scheren, beschränkt sich auf einige abstrakte Prinzipien, wie zum Beispiel die »gemeinsame Charta der sozialen Grundrechte«, in der ein Grundbestand an Minimalrechten definiert ist, deren Umsetzung dem guten Willen der einzelnen Mitgliedsstaaten überlassen bleibt. Das dem Vertrag von Maastricht angefügte Sozialprotokoll sieht die Möglichkeit einer mehrheitlichen Übernahme von Richtlinien in den Bereichen der Arbeitsbedingungen, der Information und Konsultation von Arbeitnehmern, der Chancengleichheit von Männern und Frauen vor. Es ist auch vorgesehen, daß die europäischen »Sozialpartner« die Macht haben sollen, gemeinsame Abkommen zu verhandeln, die, nach einer Annahme durch den Ministerrat, Gesetzeskraft erlangen.

Das alles ist ja sehr schön, aber wo ist die soziale Kraft europäischen Ausmaßes, die in der Lage wäre, solche Abkommen mit den europäischen Arbeitgebern durchzusetzen? Die internationalen Instanzen, wie etwa der europäische Gewerkschaftsbund, haben gegenüber den organisierten Arbeitgeberverbänden eine schwache Position (eine bestimmte Anzahl von Gewerkschaften, etwa die französische CGT, sind nicht vertreten); zudem überlassen sie paradoxerweise die Initiative fast immer den Institutionen der Gemeinschaft (und den Technokraten), selbst wenn es sich um soziale Rechte handelt. Die europäischen Betriebsräte könnten, wie man anläßlich gewisser Konflikte in multinationalen Unternehmen gesehen hat, eine starke Kraft sein; sie werden jedoch ständig mit Interessensgegensätzen konfrontiert, welche sie je nach Landeszugehörigkeit auseinanderdividieren oder gar in Opposition zueinander bringen. Die Koordination der Arbeitskämpfe auf europäischer Ebene weist große Verspätung auf. Die Gewerkschaftsorganisationen haben gute Gelegenheiten verpaßt, wie etwa den deutschen Streik für die 35-Stunden-Woche, der nicht auf europäische Ebene übertragen wurde, oder die großen Mobilmachungen von Ende 1995 und Anfang 1996 gegen die rigorose Sparpolitik und den Abbau des öffentlichen Dienstes in Frankreich und anderen europäischen Ländern. Die Intellektuellen – vor allem in Deutschland – haben dazu geschwiegen, oder gar den herrschenden Diskurs weiterverbreitet.

Wie lassen sich nun die Grundlagen für einen neuen Internationalismus bei den Gewerkschaften, den Intellektuellen und im Volk schaffen? Man kann zwei Formen möglicher Aktion unterscheiden, die sich nicht gegenseitig ausschließen. Da ist zunächst die Mobilisierung der Völker, die in diesem Fall eine besondere Beteiligung der Intellektuellen voraussetzt, da die Demobilisierung zumindest teilweise ein Ergebnis der durch die permanente »Propaganda« der Essayisten und Journalisten verursachten Demoralisierung ist, einer unmerklichen Propaganda, die nicht als solche wahrgenommen wird. Die gesellschaftlichen Grundlagen für eine solche Mobilisierung sind vorhanden: ich nenne hier nur die Auswirkungen der Veränderungen im Schulsystem, zu denen vor allem die Anhebung des Bildungsniveaus, die Abwertung der Schulabschlüsse und die daraus resultierende strukturelle Deklassierung zählen, sowie die Verringerung der Kluft zwischen Studenten und Arbeitern. (Die Kluft zwischen Alten und Jungen, Festangestellten und in

»prekären« oder »proletarisierten« Arbeitsverhältnissen Stehenden bleibt weiter bestehen, aber es sind auch, zum Beispiel über von der Krise betroffene Arbeiterkinder mit höherer Schulbildung, echte Bindungen entstanden.) Vor allem jedoch ist da der Wandel der Gesellschaftsstruktur, die, entgegen dem besonders in Deutschland ausgeprägten Mythos einer nivellierten Mittelstandsgesellschaft, mit der Zunahme sozialer Ungleichheit einhergeht – die Kapitaleinkünfte sind weltweit um 60 % gestiegen, während die Einkünfte aus bezahlter Arbeit gleich geblieben sind. Eine solche internationale Mobilisierungsaktion setzt voraus, daß dem intellektuellen Kampf eine wichtige Rolle zugestanden wird (und daß man mit der Fixierung auf die »Arbeiter«-Tradition bricht, die, vor allem in Frankreich, die sozialen Bewegungen beherrscht und verhindert, daß der intellektuellen Auseinandersetzung eine angemessene Position bei den sozialen Auseinandersetzungen gewährt wird). Voraussetzung ist aber auch die Kritik an den gängigen Repräsentationen, die ununterbrochen von den herrschenden Instanzen und ihren Denkern vom Dienst produziert und propagiert werden, eine Kritik verfälschter Statistiken, an Mythologien betreffs der vermeintlichen Vollbeschäftigung in England oder den USA usw.

Die zweite Interventionsform zugunsten eines Internationalismus, der in der Lage wäre, einen supranationalen Sozialstaat in die Wege zu leiten, ist das Einwirken auf und über die Nationalstaaten, die, mangels einer umfassenden Zukunftsvision, auf ihrem aktuellen Stand nicht in der Lage sind, das allgemeine Interesse der Gemeinschaft zu vertreten. Ein solches Einwirken auf die Nationalstaaten muß in zweierlei Hinsicht erfolgen: erstens, um die historischen Errungenschaften des jeweiligen Nationalstaates zu verteidigen und zu stärken (die oft um so bedeutender und tiefer im Habitus verwurzelt sind, je stärker der jeweilige Staat ist, wie man am Beispiel Frankreichs sieht); und zweitens, um diese Staaten zu verpflichten, an der Schaffung eines europäischen Sozialstaates zu arbeiten, der die fortschrittlichsten sozialen Errungenschaften der verschiedenen Nationalstaaten vereint (mehr Kinderkrippen, Schulen und Krankenhäuser, weniger Armee, Polizei und Gefängnisse), und der die Errichtung des einheitlichten Marktes von der Entwicklung sozialer Maßnahmen abhängig macht, die dazu geeignet sind, den wahrscheinlichen sozialen Folgen entgegenzuwirken, die ein freier Wettbewerb für die Arbeitnehmer mit sich bringt. (Man kann hier das Beispiel Schwedens zum Vorbild nehmen, das einen Beitritt zum Euro bis zu einer Neuverhandlung aufgeschoben hat, bei der die Koordination von Wirtschafts- und Sozialpolitik im Vordergrund steht.) Der soziale Zusammenhalt ist als Ziel ebenso wichtig wie die Währungsparität, und die soziale Harmonisierung ist die Bedingung für den Erfolg einer wirklichen Währungsunion.

Begreift man die soziale Harmonisierung und die Solidarität, die sie herstellt und voraussetzt, als unerläßliche Vorbedingung, dann muß, und zwar mit derselben Strenge, die bislang den ökonomischen Richtgrößen vorbehalten ist (wie zum Beispiel die berühmten 3 % von Maastricht), unverzüglich eine bestimmte Anzahl gemeinsamer Ziele zur Verhandlung kommen: die Festsetzung von Mindestlöhnen (nach Zonen differenziert, um den regionalen Ungleichheiten Rechnung zu tragen); die Entwicklung von Maßnahmen *gegen Korruption und Steuerhinterziehung*, durch die der Beitrag finanzieller Aktivitäten zu den öffentlichen Ausgaben geschmälert wird und die somit indirekt zu einer höheren Besteuerung der Arbeit beitragen, sowie von Maßnahmen *gegen das Sozialdumping* zwischen unmittelbar konkurrierenden Aktivitäten; die Ausarbeitung eines gemeinsamen Sozialrechts, das, für eine Übergangszeit, eine Differenzierung nach Zonen vorsieht, sich jedoch zum Ziel setzt, die unterschiedlichen Formen von Sozialpolitik zusammenzuführen und das Sozialrecht dort zu vereinheitlichen, wo es bereits besteht, bzw. es dort weiterzuentwickeln, wo es noch nicht besteht. Dazu gehört z.B. die Einführung eines Mindesteinkommens für Personen ohne bezahlte Tätigkeit oder andere Einnahmequellen, die Verringerung der auf der Arbeit lastenden Abgaben, die Entwicklung sozialer Rechte wie jenes auf Ausbildung, die Ausarbeitung eines Rechts auf Arbeit und Wohnung, sowie die Schaffung einer Außenpolitik im sozialen Bereich mit dem Ziel, die europäischen Sozialnormen zu verbreiten und zu verallgemeinern; und schließlich die Konzeption und Durchführung einer dem allgemeinen Interesse dienenden *gemeinsamen Investitionspolitik*: im Gegensatz zu den Investitionsstrategien, die aus der Autonomisierung rein spekulativer und/oder an kurzfristigen Profitinteressen orientierter finanzieller Aktivitäten entstehen oder auf Annahmen gegründet sind, die in absolutem Widerspruch zum allgemeinen Interesse stehen, wie etwa die Auffassung, der Abbau von Arbeitsplätzen sei ein Beweis guten Managements und eine Rentabilitätsgarantie, handelt es sich hier darum, solchen Strategien den Vorrang zu geben, die auf die Erhaltung nicht erneuerbarer Ressourcen und auf Umweltfragen, auf die Entwicklung europäischer Transport- und Energieverbünde, auf die Erweiterung des sozialen Wohnungsbaus und die Stadtsanierung (einschließlich eines ökologischen öffentlichen Verkehrssystems), auf Investitionen für Forschung und Entwicklung im Gesundheitswesen und Umweltschutz, auf die Finanzierung neuer scheinbar riskanter, der Finanzwelt unbekannter Formen beruflicher Tätigkeit (Kleinunternehmen, selbständige Arbeit) abzielen.[1]

Was hier als einfacher Katalog zusammengestückelter Maßnahmen erscheinen mag, ist in Wirklichkeit vom Willen geleitet, mit dem Fatalismus des neoliberalen Denkens zu brechen, bzw. es zu »entfatalisieren«, indem man politisiert und die inzwischen eingebürgerte Ökonomie des Neoliberalismus durch

1 Einige dieser Vorschläge habe ich übernommen von Yves Salesse, *Propositions pour une autre Europe, Construire Babel*, Paris, Éditions du Félin, 1997.

eine Ökonomie des Glücks ersetzt, die auf menschlicher Initiative und menschlichem Willen basiert, und die in ihren Berechnungen die Kosten des Leidens und die Gewinne aus Erfüllung und Selbstverwirklichung berücksichtigt, welche dem ausschließlich ökonomisch orientierten Produktivitäts- und Rentabilitätskult fremd sind.

Die Zukunft Europas hängt in hohem Maße vom Gewicht der progressiven Kräfte in Deutschland (Gewerkschaften, SPD, Grüne) und von ihrem Willen und ihrer Fähigkeit ab, sich der Politik des »starken« Euro entgegenzustellen, die von Bundesbank und Bundesregierung vertreten wird. Sie hängt in hohem Maß von der Fähigkeit dieser Kräfte ab, die Bewegungen für eine Neuorientierung der europäischen Politik zu beleben und zusammenzuführen, die schon heute in mehreren Ländern, vor allem in Frankreich, bestehen. Kurz gesagt und gegen alle Unglückspropheten, die Ihnen einreden wollen, daß Ihre Zukunft in den Händen solch transzendenter, unabhängiger und indifferenter Mächte wie der »Finanzmärkte« oder der Mechanismen der »Globalisierung« liegt, möchte ich, in der Hoffnung, Sie zu überzeugen, folgendes betonen: die Zukunft, die auch die unsere und die aller Europäer ist, hängt in hohem Maße von Ihnen als Deutsche und als Gewerkschafter ab.

Frankfurt, Juni 1997

## Fernsehen, Journalismus und Politik[1]

WIE LÄSST ES sich erklären, daß mein Buch *Über das Fernsehen* bei angesehenen französischen Journalisten eine solche Empörung hervorgerufen hat? Teilweise ist zweifellos die Tatsache daran schuld, daß diese ursprünglich als Vorlesung am *Collège de France* gehaltene Rede transkribiert wurde, denn die Transkription bringt unweigerlich all das zum Verschwinden, was an Nicht-Verschriftlichtem mit der Rede einherging, nämlich Tonfall, Gesten, Mimik, hier und da ein Lächeln, also all das, was einen unvoreingenommenen Zuschauer auf Anhieb den Unterschied zwischen einem Diskurs erkennen läßt, der um Verständnis und Überzeugungskraft bemüht ist, und dem polemischen Pamphlet, das viele dieser Journalisten, trotz meiner bereits vorab geäußerten Dementis, in dem Text sehen wollten. Doch vor allem erklärt sich diese Reaktion wohl aus einigen der typischsten Eigenschaften der journalistischen Perspektive, wie

1 Dieser Text erschien als Vorwort der englischen und mit kleinen Änderungen als Nachwort der deutschen Ausgabe von *Sur la télévision* (P. Bourdieu, *Sur la télévision*, Paris, Liber-Raisons d'agir, 1996; dt. *Über das Fernsehen*, Frankfurt, Suhrkamp, 1998). Neu aus dem Französischen übertragen von Daniela Böhmler.

beispielsweise der Neigung, alles Neue immer mit sogenannten »Enthüllungen« gleichzusetzen, oder dem Hang, immer den am direktesten sichtbaren Aspekt der gesellschaftlichen Welt, also die Individuen, ihre Taten und Untaten, in den Vordergrund zu rücken, noch dazu häufig in der Absicht, sie an den Pranger zu stellen. Dies geschieht auf Kosten der Berücksichtigung unsichtbarer Strukturen und Mechanismen (hier: derjenigen des journalistischen Feldes), die das Handeln und Denken prägen und die, wenn man über sie Bescheid weiß, eher verständnisvolle Nachsicht als empörtes Verurteilen auslösen (ich nenne dies das Primat des Sichtbaren, das zu einer Art Zensur führen kann, indem ein Thema nur noch dann behandelt wird, wenn man Bilder – und möglichst spektakuläre Bilder – dazu hat). Oder dann ist da noch die Neigung, sich vor allem für die (vermuteten) »Schlußfolgerungen« zu interessieren und weniger für die Art und Weise, wie man zu ihnen gelangt. So erinnere ich mich beispielsweise an jenen Journalisten, der mich anläßlich des Erscheinens meines Buches *La Noblesse d'Etat*[1], einer Bilanz aus zehnjähriger Forschungsarbeit, einlud, an einer Fernsehdiskussion über die *Grandes Ecoles*[2] teilzunehmen, bei der der Präsident des Freundeskreises ehemaliger Schüler die »Pro«-Seite und ich die »Contra«-Seite übernehmen sollte, und der überhaupt nicht verstand, wie ich das nur ablehnen konnte. Genauso haben auch die journalistischen Größen, die sich über mein Buch *Über das Fernsehen* hergemacht haben, schlicht und einfach die Methode, die ich darin angewandt habe (insbesondere die Analyse der Welt des Journalismus als Feld), zur Nebensache gemacht und das Buch auf diese Weise – und auch noch ohne sich dessen bewußt zu sein – auf eine Reihe von banalen, mit polemischen Angriffen gespickten Stellungnahmen reduziert.

---

1 P. Bourdieu, *La Noblesse d'Etat*, Paris, Editions de Minuit, 1989.

2 A.d.Ü.: Elitehochschulen, die parallel zur Universität die Führungskräfte Frankreichs (für Politik, Wirtschaft und Bildung) ausbilden.

Doch für ebendiese Methode möchte ich auch hier und heute – selbst wenn dies das Risiko neuer Mißverständnisse birgt – eine weitere Illustration liefern, indem ich zu zeigen versuche, wie das journalistische Feld eine höchst spezifische Sichtweise des politischen Feldes produziert und durchsetzt, die sich aus der Struktur des journalistischen Feldes und den daraus hervorgehenden spezifischen Interessen der Journalisten verstehen läßt.

In einem Universum, das, wie die Welt des Journalismus und vor allem des Fernsehens, von der panischen Furcht zu langweilen und dem Bemühen, um jeden Preis zu unterhalten, beherrscht ist, muß die Politik zwangsläufig als ziemlich undankbares Thema erscheinen, das man zu den Hauptsendezeiten möglichst meidet, ein wenig aufregendes, wenn nicht gar deprimierendes Schauspiel, das schwer zu vermitteln ist und, koste es, was es wolle, interessanter gemacht werden muß. Daher auch die in den Vereinigten Staaten wie in Europa beobachtbare Tendenz, den Leitartikler und interviewenden Reporter durch den Unterhaltungs-Animateur zu ersetzen und Information, Analyse, Tiefeninterviews, Expertenrunden oder Reportagen der reinen Unterhaltung zu opfern – insbesondere dem völlig bedeutungslosen Geschwätz ständig gleicher und austauschbarer Gesprächspartner in Talkshows (von denen ich einige – welch unverzeihliches Vergehen – in meinem Buch als Beispiel genannt habe). Um wirklich zu verstehen, was in diesen fiktiven Gesprächen gesagt wird und was nicht gesagt werden kann, müßte man die Auswahlkriterien genau analysieren, nach denen die in den Vereinigten Staaten so genannten *panelists* ausgewählt werden: ständige Verfügbarkeit, also pausenlose Bereitschaft zur Teilnahme, aber auch dazu, das Spiel mitzuspielen, indem man akzeptiert, über alles zu reden (genau das definiert den *tuttologo* in Italien) und auf alle, selbst die albernsten oder schockierendsten Fragen der Journalisten zu antworten. Man muß zu allem bereit sein, das heißt auch zu allen möglichen Zugeständnissen (was das Thema, andere Teilnehmer etc. angeht), Kompromissen und Kompromittierungen, um mit von der Partie sein und sich dadurch die direkten und indirekten Profite der medialen »Berühmtheit« sichern zu können, also beispielsweise Prestige bei den Presseorganen, Einladungen zu lukrativen Vorträgen etc. Außerdem sollte man bei den Castings, die einige Produzenten in den USA und mehr und mehr auch in Europa zur Auswahl der *panelists* führen, darauf achten, daß man klare und deutliche Stellungnahmen formuliert und es vermeidet, komplexes Wissen mit ins Spiel zu bringen (nach der Maxime: »The less you know, the better off you are«).

Aber die Journalisten, die sich als Rechtfertigung für diese Politik der demagogischen Vereinfachung (die das genaue Gegenteil der demokratischen Intention des Informierens oder einer Unterhaltung mit Bildungsanspruch ist) auf die Erwartungen des Publikums berufen, projizieren lediglich ihre eigenen Neigungen und ihre eigene Perspektive auf das Publikum – vor allem dann, wenn die Angst zu langweilen und damit davor, daß die Quoten sinken könnten, sie dazu bewegt, lieber einen Streit als eine Debatte, lieber Polemik als Dialektik zu senden. Sie setzen alles daran, daß es eher zu einer Konfrontation zwischen Personen (besonders Politikern) als zwischen ihren Argumenten kommt, auf Kosten dessen, was eigentlich Gegenstand der Debatte ist – das Haushaltsdefizit, die Steuersenkung oder die Auslandsverschuldung. Da das Wissen dieser Journalisten über die politische Welt im wesentlichen auf persönlichen Kontakten und vertraulichen Mitteilungen beruht (oder sogar auf Klatsch und Gerüchten) und weniger auf der Objektivität einer Beobachtung oder fundierten Recherche, neigen sie dazu, alles auf eine Ebene zu ziehen, auf der sie die Experten sind. Und so interessieren sie sich mehr für das Spiel und die Spieler als für den Spieleinsatz, mehr für rein strategische politische Fragen als für die Substanz der Auseinandersetzungen, mehr für die politische Wirkung von Diskursen in der Logik des politischen Feldes (insbesondere der von Koalitionen, Bündnissen und Konflikten zwischen Personen) als für deren Inhalt (wenn sie nicht sogar so weit gehen, reine Kunstprodukte in die Diskussion zu bringen, wie beispielsweise bei der letzten Parlamentswahl in Frankreich die Frage, ob die Debatte zwischen der Linken und der Rechten zwischen zwei – dem Oppositionsführer Jospin und dem rechten Premierminister Juppé – oder vier Parteivertretern – Jospin und seinem kommunistischen Verbündeten Hué auf der einen Seite und Juppé und seinem Verbündeten aus der Mitte, Léotard, auf der anderen Seite – ausgetragen werden müßte. Unter dem Anschein von Neutralität fand hier eine klare politische Einmischung zugunsten der konservativen Parteien statt, indem mögliche Divergenzen zwischen den linken Parteien in den Vordergrund gerückt wurden). Aufgrund ihre ambivalenten Stellung in der Welt der Politik, wo sie höchst einflußreiche Akteure sind, ohne jedoch vollwertige Mitglieder zu sein, und wo sie den Politikern ihre unverzichtbaren symbolischen Dienste anbieten können (die diese sich selbst nicht verschaffen können), neigen sie zur Perspektive eines Thersites und einer spontanen Form von Verdachtsphilosophie, aufgrund derer sie auch noch hinter der selbstlosesten Stellungnahme und den aufrichtigsten Überzeugungen interessengeleitete Motive vermuten, die sich aus den jeweiligen Positionen im politischen Feld ergeben (wie beispielsweise den Rivalitäten innerhalb einer Partei oder einer »Strömung«).

All das führt dazu, daß sowohl über ihre politischen Kommentare als auch über die Fragen, die sie in ihren Interviews stellen, eine zynische Sichtweise der politischen Welt transportiert und aufgedrängt wird, als wäre sie eine Art Arena, die den Manövern überzeugungsloser Ehrgeizlinge ausgeliefert ist, welche allein von ihren wettbewerbsbedingten Interessen geleitet sind (unterstützt werden die Journalisten hierbei, nebenbei gesagt, durch das Handeln politischer Ratgeber und Berater, also Mittelspersonen, deren Aufgabe es ist, die Politiker bei jener Art des bewußt organisierten, wenn auch nicht unbedingt zynischen politischen Marketings zu unterstützen, welches immer notwendiger wird, um politisch erfolgreich zu sein. Hierfür gilt es, sich den Anforderungen des journalistischen Feldes und seiner typischen Institutionen zu beugen, beispielsweise an diesen großen politischen Fernsehsendungen, »Presseclubs« oder ähnlichem teilzunehmen, also wirklicher *»caucus«*, die immer mehr dazu beitragen, Politiker und ihren Ruf zu erschaffen). Weil also die journalistische Aufmerksamkeit ausschließlich diesem politischen »Mikrokosmos«, den sich darin abspielenden Ereignissen und den von ihm ausgehenden Effekten gilt, kommt es tendenziell zu einer Abkoppelung vom Blickwinkel der Öffentlichkeit oder zumindest derjenigen Teile der Öffentlichkeit, die sich wirklich Gedanken über die realen Konsequenzen machen, die politische Stellungnahmen für ihr Leben und die gesellschaftliche Welt haben können. Besonders bei den Fernsehstars wird diese Abkoppelung durch die gesellschaftliche Distanz aufgrund ihrer ökonomisch und gesellschaftlich privilegierten Situation noch verstärkt. So weiß man, daß die Medienstars in den USA und den meisten europäischen Ländern seit den sechziger Jahren zusätzlich zu ihren bereits enorm hohen Gehältern – in Europa um die 100000 Dollar und mehr, auf amerikanischer Seite mehrere Millionen Dollar[1] – auch noch gewaltige Honorare aus der Teilnahme an Talkshows, Vortragsreisen, regelmäßiger Mitarbeit bei Zeitungen und der Moderation bei Versammlungen von Berufsverbänden kassieren. Auf diese Weise kommt es zu einer immer ungleicheren Verteilung von Macht und Privilegien im journalistischen Feld, und gleichzeitig bildet sich auf seiten kapitalisti-

---

1 Vgl. James Fallows, *Breaking the News, How Media Undermine American Democracy*, New York, Vintage Books, 1997.

scher Kleinunternehmen, die ihr symbolisches Kapital mithilfe einer auf ständige Präsenz in den Medien ausgerichteten Politik bewahren und vergrößern müssen (was nötig ist, um ihren Anteil auf dem Markt der Vorträge und Moderationen zu halten), ein breites Sub-Proletariat heraus, das durch seine Prekarisierung zu einer Art Selbstzensur verurteilt ist[1].

Hinzu kommen noch die Effekte der Konkurrenz innerhalb des journalistischen Feldes, die ich als Jagd nach dem *scoop* und als die Neigung beschrieben habe, grundsätzlich der neuesten und der am schwersten zugänglichen Information den Vorrang zu geben, oder auch dieses Wetteifern um die originellste und paradoxeste, also somit häufig zynischste Interpretation, und schließlich dieser gedanken- und gedächtnislose Umgang mit Vorhersagen in bezug auf kommende Ereignisse, diese Prognosen und Diagnosen, für die man nie verantwortlich gemacht wird, weil man im Schutze des Vergessens handelt, welches die fast vollständige Diskontinuität des journalistischen Tagesgeschehens und die schnelle Rotation sukzessiver Anpassungen nach sich zieht.

All die aufgezeigten Mechanismen tragen dazu bei, daß es insgesamt zu einem Depolitisierungseffekt oder, genauer gesagt, zu einer Desillusionierung im Hinblick auf die Politik kommt. Ohne daß das unbedingt explizit bezweckt würde, führt dieses ständige Streben nach einem möglichst hohen Unterhaltungswert dazu, daß immer dann, wenn das politische Leben eine wichtige, aber scheinbar langweilige Frage aufs Tapet bringt, die Aufmerksamkeit auf ein spektakuläres Ereignis (oder einen Skandal) gelenkt wird. Oder es wird – was eine subtilere Variante ist – die sogenannte »Nachricht« auf eine Abfolge von Ereignissen mit Unterhaltungswert reduziert, die, wie

1 Vgl. Patrick Champagne, »Journalismus zwischen sozialer Unsicherheit und Konkurrenz«, in: *Liber Jahrbuch 1997*, UVK Universitätsverlag Konstanz, Konstanz 1998, S. 31–37.

in dem exemplarischen Fall des O.-J.-Simpson-Prozesses, irgendwo zwischen »Vermischtes« und »Show« anzusiedeln sind, also eine Folge von Ereignissen ohne Ausgangs- noch Endpunkt, die in keinerlei Verhältnis zueinander stehen, sondern einfach nur, dem Zufall ihrer chronologischen Koinzidenz folgend, aneinander gereiht werden (ein Erdbeben in der Türkei und die Darstellung der Haushaltssparpläne, ein Sieg im Sport und ein Sensationsprozeß). Dadurch, daß man diese Ereignisse auf den Augenblick, auf die Aktualität reduziert und aus ihrer Vorgeschichte und ihren Folgen herauslöst, werden sie der Sinnlosigkeit überantwortet.

Für unmerkliche Veränderungen, also für all jene Prozesse, die, wie die Kontinentalverschiebung, im Augenblick nicht wahrnehmbar sind und deren Folgen erst mit der Zeit sichtbar werden, fehlt jedes Interesse. Dies verstärkt noch die Effekte der *strukturellen Amnesie*, welche durch die Logik eines immer nur am Tagesgeschehen orientierten Denkens und durch die Konkurrenz gefördert wird, was zur Folge hat, daß das Wichtige und das Neue (der *scoop* und die »Enthüllungen«) gleichgesetzt werden. Die Konsequenz aus all dem ist, daß die Journalisten eine aus disparaten Momentaufnahmen zusammengesetzte Repräsentation der Welt produzieren. Aus Mangel an Zeit und vor allem an Interesse und vorheriger Information (ihre dokumentarische Arbeit reduziert sich in der Regel auf die Lektüre anderer Presseartikel zum selben Thema) gelingt es ihnen meistens nicht, die Ereignisse (zum Beispiel einen Fall von Gewalt in der Schule) in den Kontext zu stellen, in den sie gehören (z.B. die familiale Situation, die ihrerseits in einem Zusammenhang mit dem Arbeitsmarkt steht, welcher wiederum mit der Steuerpolitik zu tun hat, usw.), und dadurch dazu beizutragen, daß diese Ereignisse ihrer scheinbaren Sinnlosigkeit und Absurdität entrissen werden. Die Politiker und vor allem die Verantwortlichen in der Regierung werden durch diese Vorgehensweise der Journalisten wiederum darin bestärkt, sich auf kurzfristige Unternehmungen mit dem entsprechenden »Ankündigungseffekt« zu konzentrieren – auf Kosten von Vorhaben ohne direkt sichtbare Effekte.

Diese enthistorisierte und enthistorisierende, atomisierte und atomisierende Sichtweise findet ihren paradigmatischen Ausdruck in dem Bild, das die Fernsehnachrichten von der Welt vermitteln: eine Abfolge scheinbar absurder Geschichten, die sich letztendlich alle irgendwie ähneln, ein ununterbrochener Aufmarsch bedauernswerter Völker, eine Folge von Ereignissen, die ohne jede Erklärung auftreten und deshalb auch ohne jede Lösung wieder im Dunkel verschwinden werden – heute Zaire, gestern Biafra, und morgen der Kongo. Jeglicher politischen Zwangsläufigkeit beraubt, können solche Ereignisse allenfalls noch ein vages humanitäres Interesse wecken. Diese zusammenhanglosen Tragödien, die eine auf die andere folgen, ohne daß je eine historische Einordnung vorgenommen würde, unterscheiden sich kaum mehr von Naturkatastrophen, Tornados, Waldbränden und Überschwemmungen, die ja in den »Nachrichten« genauso präsent sind. Diese Tragödien sind traditionelle, um nicht zu sagen: rituelle, journalistische Themen, sie sind spektakulär, und vor allem können sie ohne große Kosten behandelt werden, und die Wahrscheinlichkeit, daß ihre Opfer Solidarität oder wirklichen politischen Widerstand auslösen, ist genauso gering wie bei einer Zugentgleisung oder einem sonstigen Unfall.

Neben den Zwängen der Konkurrenz tragen also auch berufliche Routinen dazu bei, daß das Fernsehen das Bild einer Welt voller Gewalt und Verbrechen, ethnischer Kriege und Rassenhaß hervorbringt und seinen Zuschauern täglich eine absurde Abfolge von Unglücksfällen, die man nicht versteht und an denen man nichts ändern kann, präsentiert – eine dermaßen unverständliche und angsteinflößende Umwelt voller Bedrohungen, daß man sich am besten gegen sie abschotten und vor ihr schützen sollte. Auf diese Weise schleicht sich langsam aber sicher eine pessimistische Geschichtsphilosophie ein, die eher zu Rückzug und Resignation als zu Widerstand und Empörung anhält und die – weit davon entfernt zu mobilisieren und zu politisieren – eher dazu beiträgt, ausländerfeindliche Ängste zu schüren, genauso wie auch der Eindruck, Gewalt und Verbrechen nähmen ständig weiter zu, die Ängste und Phobien des Sicherheitsdenkens fördern. Zu dem Gefühl, daß die Welt dem gemeinen Volk der Sterblichen keinen Halt bietet, kommt der Eindruck, daß das politische Spiel – ähnlich wie der Hochleistungssport, der eine vergleichbare Trennung zwischen Aktiven und Zuschauern vollzieht – eine Sache der Profis ist. Beides zusammen fördert, besonders bei schwach politisierten Menschen, einen fatalistischen Rückzug, der natürlich der Bewahrung der bestehenden Verhältnisse in die Hände spielt.

Man muß schon ein sehr zähes Vertrauen in die unbestreitbaren, wenn auch begrenzten »Widerstands«-Fähigkeiten des Volkes haben, um mit einer bestimmten, sogenannten »postmodernen Kulturkritik« davon auszugehen, daß der berufliche Zynismus der Fernsehproduzenten, die in bezug auf ihre Arbeitsbedingungen, Ziele (das Streben nach möglichst hohen Zuschauerquoten, also nach dem »gewissen Etwas«, das gute Verkaufszahlen bringt) und ihre Denkweise den Werbeleuten immer ähnlicher werden, im aktiven Zynismus der Zuschauer (für den besonders das Zappen bezeichnend sei) seine Grenze oder sein Gegengift finden könnte. Wenn man, wie einige »postmoderne« Hermeneutiker, die Fähigkeit für universell hält, in höchst reflexiver Weise eine »Lektüre« dritten oder vierten Grades dieser »ironischen und metatextuellen« Botschaften zu betreiben, die der manipulatorische Zynismus der Fernsehproduzenten und Werbeleute auf den Weg bringt, fällt man in Wirklichkeit einer der perversesten Formen der scholastischen Illusion in populistischem Gewande anheim.

Paris, Juni 1997

## Nochmal: Über das Fernsehen[1]

***Frage*** *– In* Über das Fernsehen *sagen Sie, daß bei den Presseleuten ein Bewußtsein für die unsichtbaren Strukturen der Presse geschaffen werden müßte. Glauben Sie wirklich, daß die Presseleute und die Öffentlichkeit gegenüber den Mechanismen der Medien in einer extrem mediatisierten Welt immer noch so blind sind? Oder besteht zwischen ihnen eine Komplizenschaft?*

**P. B.** – Ich glaube nicht, daß die Presseleute blind sind. Ich denke, sie leben in einem Zustand doppelten Bewußtseins: Da ist zum einen die praktische Perspektive, die sie dazu veranlaßt, maximal von den Möglichkeiten zu profitieren, die ihnen das Instrument Medien in ihren Händen bietet (ich rede hier von denen, die wirklich Macht haben) – wobei sie das manchmal auf zynische Weise tun, manchmal aber auch, ohne es zu wissen. Und dann ist da noch eine theoretische Perspektive, die voller moralischer Maßstäbe und Nachsicht sich selbst gegenüber ist

1 Interview mit Pierre Bourdieu, das nach Erscheinen der brasilianischen Ausgabe von *Sur la télévision* (dt. *Über das Fernsehen*, Frankfurt, Suhrkamp, 1998) am 4. Oktober 1997 in *O Globo* (Rio de Janeiro) veröffentlicht wurde. Aus dem Französischen übertragen von Daniela Böhmler.

und sie in der Öffentlichkeit die Wahrheit über das, was sie tun, verleugnen und vertuschen läßt – sogar vor sich selbst. Als Beweis dafür könnte man die Reaktionen auf mein kleines Buch anführen, das sämtliche hochkarätigen Journalisten durchweg in Bausch und Bogen verdammt haben, indem sie um die Wette behaupteten, es enthalte nichts, was nicht bereits bekannt sei (ganz entsprechend einer typisch freudschen Logik, die ich auch schon anläßlich meiner Bücher zur Bildung beobachten konnte). Ein anderes Beispiel sind die feierlichen und heuchlerischen Kommentare, die sie anläßlich des Todes von Lady Diana zur Rolle der Journalisten abgegeben haben, während sie gleichzeitig weit über die Grenzen des Anstands hinaus die journalistische Fundgrube ausschöpften, die dieses Nicht-Ereignis darstellte. Dieses doppelte Bewußtsein – das übrigens bei den Mächtigen sehr verbreitet ist: wie bereits anderweitig erwähnt, konnten sich die römischen Auguren nicht selbst ins Gesicht sehen, ohne in Lachen auszubrechen – bewirkt, daß sie die objektive Beschreibung ihrer Praxis als skandalöse Denunziation oder bösartiges Pamphlet verdammen, gleichzeitig aber – sei es im privaten Rahmen, im Gespräch mit einem sie befragenden Soziologen oder gar in der Öffentlichkeit – genau zum gleichen Schluß kommen. So schrieb Thomas Ferenczi in *Le Monde* vom 7./8. September als Antwort auf eine Leserkritik in bezug auf die Art und Weise, wie *Le Monde* mit der Lady-Diana-Affäre umgegangen ist, daß sich *Le Monde* tatsächlich verändert habe und immer mehr dem Raum gebe, was er verschämt »gesellschaftliche Themen« nennt – noch drei Monate zuvor konnte er es gar nicht vertragen, wenn diese Wahrheiten beim Namen genannt wurden. In dem Moment aber, in dem dieser *vom Fernsehen diktierte* Seitenwechsel unumgänglich wird, vollzieht man ihn in angemessen moralisierendem Ton, als handle es sich um eine Form der Anpassung an die Moderne und darum, seine »Neugierde auf andere Bereiche auszudehnen«! [Ergänzung vom Januar 1998: Dieser »Vermittler« Ferenczi, der speziell damit beauftragt ist, denjenigen Lesern Rede und Antwort zu stehen, die sich des wachsenden Gewichts kommerzieller Anliegen im Rahmen redaktioneller Entscheidungen bei *Le Monde* bewußt sind, wendet jede Woche sein ganzes rhetorisches Geschick dafür auf, glauben zu machen, man könne gleichzeitig Richter und Streitpartei sein. Dabei käut er unablässig die gleichen tautologischen Argumente wieder. Als *Le Monde* aufgrund des Interviews eines zweitrangigen Schriftstellers mit einem abgehalfterten Popsänger[1] ein Abdriften »in eine Form von Demagogie« vorgeworfen wird, weiß er den Betreffenden in *Le Monde* vom 18./19. Januar 1998 lediglich den »Willen zur Offenheit« seiner Zeitung entgegenzuhalten: »Diese und andere Themen erhalten einen breiten Raum, weil sie einen wichtigen Aspekt der Welt, die uns umgibt, beleuchten und deshalb auch für einen Großteil unserer Leser von Interesse sind«. Und als in der Woche darauf jemand die gefällige Reportage eines Intellektuellen-Journalisten über die Situation in Algerien als Verrat an sämtlichen kritischen Idealen der intellektuellen Tradition angreift, antwortet er in *Le Monde* vom 25./26. Januar 1998, der Journalist habe keine Entscheidung für oder gegen bestimmte Intellektuelle zu treffen. Die Texte, die dieser Verteidiger der Linie seiner Zeitung, der sicherlich aufgrund seiner extremen Vorsicht ausgewählt wurde, Woche für Woche produziert, stellen in Wahrheit eine enorme Unvorsichtigkeit seitens der Zeitung dar. Denn hier enthüllt sich in der Konfrontation mit den Herausforderungen, vor die ihn die Leser stellen, Schritt für Schritt das tiefste Unbewußte des Journalismus, ganz so als handelte es sich um eine Art intensiver, wöchentlicher Analysesitzung.] Bei den Herrschenden in diesem Feld, die in der *Nomenklatura* der großen Journalisten zu finden und durch gemeinsame Interessen und allerlei Kompli-

1 Es handelt sich um Daniel Rondeau, respektive um Johnny Halliday.

zenschaften verbandelt sind[1], findet man also dieses doppelte Bewußtsein. Bei den »Basis«-Journalisten, den Reportage-Tagelöhnern, freien Mitarbeitern und all diesen zur Prekarität verdammten Unbekannten, die das hervorbringen, was noch im eigentlichen Sinne journalistisch am Journalismus ist, findet man selbstverständlich einen klareren Blick, der sich oft auch auf sehr direkte Weise Ausdruck verschafft. Es ist unter anderem ihren Zeugnissen zu verdanken, daß man überhaupt eine gewisse Kenntnis von der Welt des Fernsehens erlangen kann.[2]

***Frage*** *– Sie analysieren, wie sich das sogenannte »journalistische Feld« formiert, aber Sie sprechen vom Standpunkt des »soziologischen Feldes« aus. Glauben Sie, daß zwischen diesen beiden Feldern eine Art Unverträglichkeit besteht? Und ist es immer die Soziologie, die die »Wahrheiten« aufdeckt, und die Medien verbreiten die »Lügen«?*

**P. B.** – Sie führen hier eine Dichotomie ein, die für die journalistische Perspektive sehr kennzeichnend ist und die – das ist eine ihrer typischsten Eigenschaften – *manichäisch* ist. Selbstverständlich kommt es vor, daß Journalisten die Wahrheit aufdekken und Soziologen Lügen verbreiten. In einem Feld ist per Definition alles zu finden! Aber eben in verschiedenen Proportionen und mit verschiedenen Wahrscheinlichkeiten ... Das heißt, die Hauptarbeit des Soziologen besteht darin, diese Art und Weise des Fragenstellens aus den Angeln zu heben. Und wie ich in meinem kleinen Buch immer wieder betone, können die Soziologen aufgeschlossenen und kritischen Journalisten (und davon gibt es viele, nur nicht unbedingt auf den Chefses-

---

1 Zu den Komplizenschaften siehe S. Halimi, *Les nouveaux chiens de garde*, Paris, Liber-Raison d'agir, 1997.

2 Hierzu z.B. die exzellenten Analysen in A. Accardo, G. Abou, G. Balbastre, D. Marine, *Journalistes au quotidien. Outils pour une socioanalyse des pratiques journalistiques*, Bordeaux, Le Mascaret, 1995.

seln der Fernseh- und Radiostationen und der Zeitungen) Instrumente für die Erkenntnis und das Verstehen, unter Umständen sogar für das Handeln liefern, die es ihnen erlauben, besser mit den wirtschaftlichen und gesellschaftlichen Kräften fertig zu werden, die auf ihnen lasten. Hierfür gilt es, mit den Forschern, in denen sie so oft ihre Gegner sehen, ein Bündnis einzugehen. Ich bemühe mich gegenwärtig darum (insbesondere über die internationale Zeitschrift *Liber*), solche internationalen Bündnisse zwischen Forschern und Journalisten zu schaffen und *Widerstandskräfte* gegen die Mächte der Unterdrückung zu mobilisieren, die auf dem Journalismus lasten und die der Journalismus auf jeglicher kultureller Produktion und auf diesem Wege auch auf der ganzen Gesellschaft lasten läßt.

***Frage** – Das Fernsehen wird mit einer Form der symbolischen Unterdrückung gleichgesetzt. Wo sehen Sie die demokratischen Möglichkeiten des Fernsehens und der Medien?*

**P. B.** – Die Kluft zwischen dem Bild, das die Verantwortlichen in den Medien von diesen Medien haben und vermitteln, und der Wahrheit in bezug auf ihr Handeln und ihren Einfluß ist enorm. Insgesamt gesehen sind die Medien ein Depolitisierungsfaktor, der seine Wirkung vor allem bei denjenigen Bevölkerungsteilen entfaltet, die bereits am meisten depolitisiert sind, also mehr bei Frauen als bei Männern, mehr bei denen mit niedriger Schulbildung als bei denen mit hoher, mehr bei den Armen als bei den Reichen. Das mag schockieren, aber man weiß das aufgrund der statistischen Verteilung der Wahrscheinlichkeit, von einer Person mit bestimmten Merkmalen auf eine politische Frage eine klare Antwort oder eine Antwortverweigerung zu bekommen (in meinem Buch *Méditations pascaliennes*[1] gehe ich ausführlich auf die – vor allem politischen –

1 P. Bourdieu, *Méditations pascaliennes*, Paris, Editions du Seuil, 1997.

Konsequenzen dieser Tatsache ein). Das Fernsehen vermittelt (viel mehr als die Zeitungen) eine immer stärker depolitisierte, keimfreie, farblose Sicht der Welt und lenkt damit auch die Zeitungen immer mehr auf Abwege in die Demagogie und die Unterwerfung unter kommerzielle Zwänge. Die Affäre um den Tod von Lady Diana illustriert all das, was ich in meinem Buch gesagt habe, auf perfekte Weise und stellt gewissermaßen eine extreme Zuspitzung des Gesagten dar. Hier findet man alles gleichzeitig: einen Fall aus der Rubrik »Vermischtes«, der für Abwechslung sorgt, und den »Telethon-Effekt«, also das gefahrlose Einstehen für vage, ökumenische und vor allem apolitische humanitäre Angelegenheiten. Man hat das Gefühl, daß anläßlich dieser Affäre, die kurz nach dem päpstlichen Jugendfest in Paris und kurz vor dem Tod von Mutter Theresa stattfand, die letzten Schranken gefallen sind (Mutter Theresa, die, soweit ich weiß, nicht gerade eine Vorreiterin in Sachen Abtreibung und Frauenbefreiung war, paßte dieser von seelenlosen Bankiers regierten Welt perfekt ins Konzept, welche überhaupt nichts dagegen haben, daß die frommen Kämpfer für humanitäre Belange die – in ihren Augen unvermeidbaren – Wunden versorgen, an deren Zustandekommen sie selbst beteiligt waren). Und so hat beispielsweise *Le Monde* noch vierzehn Tage nach dem Unfall seine erste Seite dem Stand der Nachforschungen in bezug auf den Unfall gewidmet, und in den Fernsehnachrichten wurden die Massaker in Algerien und die Entwicklung der israelisch-palästinensischen Beziehungen auf einen Randplatz am Ende der Sendung verdrängt. Sie haben vorhin nebenbei gesagt: den Journalisten die Lüge, den Soziologen die Wahrheit – als Soziologe, der Algerien ziemlich gut kennt, kann ich Ihnen sagen, daß ich eine große Bewunderung für die französische Zeitung *La Croix* hege, die gerade erst ein höchst genaues, konsequentes und mutiges Dossier über die wirklichen Verantwortlichen für die Massaker in Algerien vorgelegt hat. Hier stellt sich mir allerdings die Frage – und bis jetzt ist die Antwort negativ –, ob die anderen Zeitungen, vor allem diejenigen, die einen so hohen Anspruch auf Seriosität erheben, den Faden dieser Analysen aufnehmen und weiterverfolgen werden ...

**Frage** – *Kann man, um die berühmte Dichotomie aufzunehmen, die Umberto Eco in den 60er Jahren vorgeschlagen hat, sagen, daß Sie ein »Apokalyptiker« in Opposition zu den »Integrierten« sind?*

**P. B.** – Ja, das kann man sagen. Es gibt tatsächlich viele »Integrierte«. Und die Macht der neuen herrschenden Ordnung besteht darin, daß sie es verstanden hat, die passenden Mittel zu finden, um eine wachsende Fraktion der Intellektuellen zu »integrieren« (in manchen Fällen könnte man »kaufen« sagen, in anderen »verführen«), und das weltweit. Diese »Integrierten« erleben sich oft weiterhin als kritisch (oder einfach als links) entsprechend dem alten Modell. Und dies trägt dazu bei, daß ihr Handeln eine enorme symbolische Wirkungskraft zugunsten der Aussöhnung mit der etablierten Ordnung erhält.

**Frage** – *Welche Rolle spielten Ihrer Ansicht nach die Medien in der Lady-Di-Affäre? Bestätigt sie Ihre These in bezug auf die Funktionsweise der Medien?*

**P. B.** – Sie ist die perfekte, im schlimmsten Sinne unverhoffte Illustration dessen, was ich angekündigt habe. Man wird die königlichen Familien von Monaco, England und anderswo wohl als eine Art unerschöpfliches Themenreservoir für *soap operas* und *telenovelas* erhalten. Auf jeden Fall ist klar, daß sich das große *happening* anläßlich des Todes von Lady Diana gut in eine bestimmte Form von Vorstellungen und Shows einfügt, die das Kleinbürgertum von England und anderswo verzaubern, wie beispielsweise diese großen Musicals im Stile von *Evita* oder *Jesus Christ Superstar*, die das Ergebnis aus der Verbindung von Melodrama und Hightec-Spezialeffekten sind, oder all die tränenreichen Fernsehserien, sentimentalen Filme und Bahnhofsromane in großen Auflagen, einfach gestrickte Popmusik und Familienunterhaltung – kurz: all diese Produkte der Kulturindustrie, mit denen man den lieben langen Tag von Fernsehstationen und so konformistischen wie zynischen Radiosendern überschüttet wird und die den weinerlichen Moralismus der Kirchen und den ästhetischen Konservatismus der bürgerlichen Unterhaltung miteinander verbinden.

***Frage** – Was kann die Rolle der Intellektuellen in der mediatisierten Welt sein?*

**P. B.** – Es ist keineswegs sicher, ob die Intellektuellen überhaupt eine große und positive Rolle spielen können, also die Rolle des eingebungsvollen Propheten, die sie sich in Phasen der Euphorie manchmal selbst gerne zuschreiben. Aber es wäre bereits gar nicht so schlecht, wenn sie es wenigstens verstünden, sich der Komplizenschaft und Kollaboration mit denjenigen Mächten zu enthalten, die drohen, die Grundlagen ihrer Existenz und ihrer Freiheit zu zerstören, also den Mächten des Marktes. Wie ich in meinem Buch *Les Règles de l'art*[1] gezeigt habe, bedurfte es mehrerer Jahrhunderte, bis die Juristen, Künstler, Schriftsteller und die Wissenschaft ihre politische, religiöse und ökonomische Autonomie im Hinblick auf die Machthaber erlangen konnten und ihre eigenen Normen, ihre spezifischen Werte, besonders in bezug auf die Wahrheit, in ihrem eigenen Universum, ihrem Mikrokosmos, und manchmal, mit wechselndem Erfolg, auch in der gesellschaftlichen Welt einführen konnten (mit Zola anläßlich der Dreyfus-Affäre, Sartre und die 121 anläßlich des Algerienkrieges etc.). Diese Eroberungen der Freiheit sind nun überall bedroht, und zwar nicht nur durch Generäle, Diktato-

---

1 P. Bourdieu, *Les Règles de l'art. Genèse et structure du champ littéraire*, Paris, Editions du Seuil, 1992.

ren und die Mafia. Sie sind von hinterhältigeren Mächten bedroht, nämlich denen des Marktes, die jedoch verwandelt und in unterschiedlichen Formen reinkarniert sind, welche jeweils unterschiedliche Gruppen zu verführen imstande sind. Für manche treten sie in der Figur des mit mathematischen Formalismen bewaffneten Ökonomen auf, der die Entwicklung einer »globalisierten« Wirtschaft als Schicksal beschreibt; für andere in der Figur des internationalen Rock-, Pop- oder Rapstars, der Vertreterin eines gleichzeitig schicken und einfachen Lebensstils (zum ersten Mal in der Geschichte haben sich die Verführungskräfte des Snobismus an Praktiken und Produkte geheftet, die typisch für den Massenkonsum sind, wie beispielsweise die Jeans, das T-Shirt oder Coca-Cola); für wieder andere ist es ein als »postmodern« getaufter »Campus-Radikalismus«, dessen Verführungskraft auf dem fälschlicherweise als revolutionär betrachteten Zelebrieren der Vermischung der Kulturen beruht, usw. Wenn es einen Bereich gibt, in dem die vielgerühmte »Globalisierung«, die all die »integrierten« Intellektuellen im Munde führen, Realität ist, dann ist es derjenige der kulturellen Massenproduktion, des Fernsehens (ich denke da besonders an die *telenovas,* die zu einer lateinamerikanischen Spezialität gemacht wurden und die eine »ladydieske« Sicht der Welt verbreiten), des Kinos und der Presse für das breite Publikum. Oder aber, und das ist eine sehr viel schwerwiegendere Angelegenheit, die Globalisierung des »gesellschaftlichen Denkens« bei den Tages- und Wochenzeitungen, mit Themen und Begriffen, die um den ganzen Planeten kreisen, wie beispielsweise »das Ende der Geschichte«, der »Postmodernismus« oder eben ... die »Globalisierung«. Künstler, Schriftsteller und Forscher haben die Möglichkeit und die Pflicht, die für die Kultur und die Demokratie verhängnisvollen Folgen dieser *»Globalisierung« im schlimmsten Sinne* zu bekämpfen.

Paris, September 1997

## Die sogenannten »Verantwortungsträger«, die uns keine Verantwortung zubilligen[1]

WIR HABEN GENUG von den Winkelzügen und Ausflüchten all dieser von uns gewählten »Verantwortungsträger«, die uns Verantwortung absprechen, weil wir sie an die Versprechen erinnern, die sie uns gegeben haben. Wir haben genug vom staatlichen Rassismus, den sie zulassen. Erst heute hat mir ein Freund, Franzose algerischer Abstammung, die Geschichte seiner Tochter erzählt, der eine Universitätsangestellte bei der Rückmeldung einzig aufgrund ihres arabisch klingenden Namens die Vorlage ihrer Papiere und des Passes abverlangte, als sei dies die natürlichste Sache der Welt. Um ein für allemal Schluß zu machen mit diesen Schikanen und Erniedrigungen, die noch vor ein paar Jahren undenkbar gewesen wären, muß ein klarer Schlußstrich unter eine heuchlerische Gesetzgebung gezogen werden, die lediglich eine Konzession ungeheuren Ausmaßes an die Fremdenfeindlichkeit des *Front National* dar-

1 Dieser Text wurde am 8. Oktober 1997 in *Les Inrockuptibles* anläßlich der Gesetzesentwürfe der Herren Guigou und Chevènement betreffs der französischen Staatsangehörigkeit und dem Aufenthaltsrecht von Ausländern in Frankreich veröffentlicht. Aus dem Französischen übertragen von Jörg Ohnacker.

stellt. Natürlich müssen die von Pasqua und Debré durchgebrachten Gesetze außer Kraft gesetzt werden, aber vor allem müssen all die heuchlerischen Äußerungen derjenigen Politiker unterbunden werden, die, zu einem Zeitpunkt, an dem die Frage der kompromittierenden Haltung der französischen Bürokratie bei der Judenvernichtung neu aufgeworfen wird, all denjenigen quasi grünes Licht geben, die innerhalb der Bürokratie die Möglichkeit haben, ihre dümmlich ausländerfeindlichen Regungen zum Ausdruck zu bringen, wie etwa die zuvor als Beispiel unter vielen erwähnte Universitätsangestellte. Es hilft nicht, große juristische Diskussionen über die Vorzüge dieses oder jenes Gesetzes vom Zaum zu brechen. Es geht ganz einfach darum, ein Gesetz abzuschaffen, das durch seine bloße Existenz die diskriminierenden Praktiken von Beamten aller Rangstufen legitimiert, indem es dazu beiträgt, daß Ausländer generell verdächtigt werden – und vor allem ganz bestimmte Ausländer. Was ist das für ein Staatsbürger, der immer und überall den Beweis seiner Staatsbürgerschaft erbringen muß? (Eine große Anzahl französischer Eltern algerischer Abstammung stehen vor dem Problem, welche Vornamen sie ihren Kindern geben sollen, um ihnen spätere Schikanen zu ersparen. Übrigens zeigte sich die Universitätsangestellte, die der Tochter meines Freundes so zugesetzt hat, über deren Vornamen Mélanie erstaunt …)

Ich behaupte, daß ein Gesetz dann rassistisch ist, wenn es einem beliebigen Beamten gestattet, die Staatsbürgerschaft eines Bürgers einzig aufgrund seiner äußeren Erscheinung oder seines Familiennamens anzuzweifeln, wie das heute täglich tausendfach geschieht. Es ist zu bedauern, daß es in der hochzivilisierten Regierung, die uns Herr Jospin beschert hat, keinen einzigen Träger jener von der untadeligen Willkür der Beamten des französischen Staates angekreideten Stigmata wie etwa eine schwarze Hautfarbe oder einen arabisch klingenden Namen gibt, um Herrn Chevènement daran zu erinnern, daß ein

Unterschied zwischen Recht und Sitten besteht und daß es gesetzliche Vorschriften gibt, die den übelsten Sitten Vorschub leisten können. Ich stelle all dies den Überlegungen derjenigen anheim, die heute dazu schweigen oder eine indifferente Haltung einnehmen, in dreißig Jahren aber, wenn junge Franzosen algerischer Abstammung den Vornamen Kelkal[1] tragen, ihr »Bedauern«[2] äußern.

Paris, Oktober 1997

---

1 Kelkal ist der Name eines jungen Algeriers, der Mitglied einer terroristischen Vereinigung war und von der Polizei niedergeschossen wurde.

2 Die französischen Bischöfe haben kollektiv ihr »Bedauern« angesichts der Haltung des französischen Episkopats während der deutschen Besatzung zum Ausdruck gebracht.

## Prekarität ist überall[1]

DIE ARBEIT KOLLEKTIVEN Nachdenkens, die hier während zweier Tage geleistet wurde, stellt etwas absolut Neuartiges dar, weil sie Menschen zusammengebracht hat, die sonst kaum Gelegenheit haben, sich zu treffen: Verantwortliche aus Politik und Verwaltung, Gewerkschafter, Wirtschaftswissenschaftler und Soziologen, Arbeitnehmer, von denen viele in prekärer Lage sind, und schließlich auch Arbeitslose. Ich möchte an dieser Stelle nochmals auf einige der Probleme zu sprechen kommen, über die hier schon diskutiert worden ist. Das erste von ihnen wird stets stillschweigend aus wissenschaftlichen Tagungen herausgehalten: Was kommt letztlich bei all diesen Debatten heraus, oder etwas direkter formuliert, was nutzen denn all diese intellektuellen Diskussionen? Paradoxerweise sind es ausgerechnet die Forscher, die sich am meisten den Kopf über diese Frage zerbrechen und am stärksten von ihr beunruhigt werden (ich denke da besonders an die hier anwesenden und damit für ihren Berufsstand ohnehin wenig repräsentativen

1 Vortrag während der *Rencontres européennes contre la précarité*, Grenoble, 12.–13. Dezember 1997. Aus dem Französischen übertragen von Andreas Pfeuffer.

Ökonomen, denn in der Wirtschaftswissenschaft sind diejenigen ja recht dünn gesät, die sich Gedanken über die gesellschaftliche Wirklichkeit bzw. über die Wirklichkeit überhaupt machen), an die man diese Frage richtet (und das ist wohl auch sehr gut so). In ihrer Schonungslosigkeit und Naivität erinnert diese Frage die Forscher an ihre große Verantwortung, insofern sie ja durch ihr Schweigen oder ihre aktive Komplizenschaft an der Aufrechterhaltung der symbolischen Ordnung mitwirken können, welche ja die Voraussetzung für das Funktionieren der wirtschaftlichen Ordnung bildet.

Es ist deutlich geworden, daß Prekarität heutzutage allgegenwärtig ist. Im privaten, aber auch im öffentlichen Sektor, wo sich die Zahl der befristeten Beschäftigungsverhältnisse und Teilzeitstellen vervielfacht hat; in den Industrieunternehmen, aber auch in den Einrichtungen der Produktion und Verbreitung von Kultur, dem Bildungswesen, dem Journalismus, den Medien usw. Beinahe überall hat sie identische Wirkungen gezeitigt, die im Extremfall der Arbeitslosen besonders deutlich zutage treten: die Destrukturierung des unter anderem seiner zeitlichen Strukturen beraubten Daseins und der daraus resultierende Verfall jeglichen Verhältnisses zur Welt, zu Raum und Zeit. Prekarität hat bei dem, der sie erleidet, tiefgreifende Auswirkungen. Indem sie die Zukunft überhaupt im Ungewissen läßt, verwehrt sie den Betroffenen gleichzeitig jede rationale Vorwegnahme der Zukunft und vor allen Dingen jenes Mindestmaß an Hoffnung und Glauben an die Zukunft, das für eine vor allem kollektive Auflehnung gegen eine noch so unerträgliche Gegenwart notwendig ist.

Zu diesen Folgen der Prekarität für die direkt Betroffenen gesellen sich die Auswirkungen auf die von ihr dem Anschein nach Verschonten. Doch sie läßt sich niemals vergessen; sie ist zu jedem Augenblick in allen Köpfen präsent (ausgenommen den Köpfen der liberalen Ökonomen, vielleicht deshalb, weil sie – wie einer ihrer theoretischen Gegner bemerkte – von dieser Art Protektionismus profitieren, den ihnen ihre *tenure*, ihre Beamtenstellung verschafft und die sie der Unsicherheit entreißt). Weder dem Bewußtsein noch dem Unterbewußtsein läßt sie jemals Ruhe. Die Existenz einer beträchtlichen Reservearmee, die man aufgrund der Überproduktion an Diplomen längst nicht mehr nur auf den untersten Qualifikationsebenen findet, flößt jedem Arbeitnehmer das Gefühl ein, daß er keineswegs unersetzbar ist und seine Arbeit, seine Stelle gewissermaßen ein Privileg darstellt, freilich ein zerbrechliches und bedrohtes Privileg (daran erinnern ihn zumindest seine Arbeitgeber bei der geringsten Verfehlung und die Journalisten und Kommentatoren jeglicher Art beim nächstbesten Streik). Die objektive Unsicherheit bewirkt eine allgemeine subjektive Unsicherheit, welche heutzutage mitten in einer hochentwickelten Volkswirtschaft sämtliche Arbeitnehmer, einschließlich derjenigen unter ihnen in Mitleidenschaft zieht, die gar nicht oder noch nicht direkt von ihr betroffen sind. Diese Art »kollektive Mentalität« (ich gebrauche diesen Begriff hier zum besseren Verständnis, obwohl ich ihn eigentlich nicht gern verwende), die der gesamten Epoche gemein ist, bildet die Ursache für die Demoralisierung und Demobilisierung, die man in den unterentwickelten Ländern beobachten kann (wozu ich in den 60er Jahren in Algerien Gelegenheit hatte), die unter sehr hohen Arbeitslosen- oder Unterbeschäftigungsraten leiden und permanent von der Angst vor Arbeitslosigkeit beherrscht werden.

Arbeitslose und Arbeitnehmer, die sich in einer prekären Lage befinden, lassen sich kaum mobilisieren, da sie in ihrer Fähigkeit, Zukunftsprojekte zu entwerfen, beeinträchtigt sind. Das ist jedoch die Voraussetzung für jegliches sogenanntes rationales Verhalten, angefangen beim ökonomischen Kalkül oder, in einem völlig anderen Bereich, der politischen Organisation. Paradoxerweise muß man – wie ich in meinem frühesten und vielleicht zugleich aktuellsten Buch über *Arbeit und*

*Arbeiter in Algerien*[1] gezeigt habe – wenigstens ein Minimum an Gestaltungsmacht über die Gegenwart haben, um ein revolutionäres Projekt entwerfen zu können, denn letzteres ist immer ein durchdachtes Bestreben, die Gegenwart unter Bezugnahme auf einen Zukunftsentwurf zu verändern. Im Unterschied zum Subproletarier verfügt der Proletarier über dieses Minimum an gegenwärtiger Gewißheit und Sicherheit, das die Grundvoraussetzung dafür ist, überhaupt die Idee in Betracht zu ziehen, die Gegenwart in bezug auf eine erhoffte Zukunft umzugestalten. Doch nebenbei bemerkt ist er eben auch jemand, der immerhin noch etwas zu verteidigen, etwas zu verlieren hat, nämlich seine auch noch so auszehrende und unterbezahlte Stelle, und viele seiner manchmal als allzu vorsichtig oder konservativ beschriebenen Verhaltensweisen rühren von der Furcht her, abzurutschen, wieder ins Subproletariat zurückzufallen.

Wenn Arbeitslosigkeit heute in zahlreichen Ländern Europas so hohe Raten erreicht und Prekarität einen großen Teil der Bevölkerung, Arbeiter, Angestellte in Handel und Industrie, aber auch Journalisten, Lehrer und Studenten erfaßt, dann wird Arbeit zu einem raren Gut, das man sich um jeden Preis herbeisehnt und das die Arbeitnehmer auf Gedeih und Verderb den Arbeitgebern ausliefert, welche denn auch die ihnen auf diese Weise gegebene Macht, wie man Tag für Tag sehen kann, gebührlich gebrauchen bzw. mißbrauchen. Die Konkurrenz um die Arbeit geht einher mit einer Konkurrenz bei der Arbeit, die jedoch im Grunde auch nur eine andere Form der Konkurrenz um die Arbeit ist, eine Arbeit, die man, mitunter um jeden Preis, gegen die Erpressung mit der angedrohten

1 P. Bourdieu, *Travail et travailleurs en Algérie*, Paris-La Haye, Mouton, 1963 (zusammen mit A. Darbel, J.-P. Rivet, C. Seibel); vgl. auch: *Algérie 60. Structures économiques et structures temporelles*, Paris, Ed. de Minuit, 1977.

Entlassung bewahren muß. Aufgrund dieser Konkurrenz, die bisweilen ebenso rüde ist wie diejenige der Unternehmen untereinander, kommt es zu einem regelrechten Kampf aller gegen alle, der sämtliche Werte der Solidarität und Menschlichkeit zunichte macht, manchmal aber auch zu wortloser Gewalt. Diejenigen, die sich über den angeblichen Zynismus, den ihrer Meinung nach Männer und Frauen unserer Epoche an den Tag legen, beklagen, sollten zumindest auch den Zusammenhang mit den ökonomischen und gesellschaftlichen Bedingungen sehen, die einen solchen Zynismus begünstigen oder erforderlich machen, ja obendrein noch belohnen.

Die Prekarität hat also nicht nur direkte Auswirkungen auf die von ihr Betroffenen (die dadurch außerstande geraten, sich zu mobilisieren), sondern über die von ihr ausgelöste Furcht auch indirekte Folgen für alle anderen – eine Furcht, die im Rahmen von *Prekarisierungsstrategien* systematisch ausgenutzt wird, wie etwa im Falle der Einführung der vielzitierten »Flexibilität«, von der wir ja wissen, daß sie ebenso politisch wie ökonomisch motiviert ist. Man wird den Verdacht nicht los, daß Prekarität gar nicht das Produkt einer mit der ebenfalls vielzitierten »Globalisierung« gleichgesetzten *ökonomischen Fatalität* ist, sondern vielmehr das Produkt eines *politischen Willens.* Das »flexible« Unternehmen beutet gewissermaßen ganz bewußt eine von Unsicherheit geprägte Situation aus, die von ihm noch verschärft wird. Es sucht die Kosten zu senken, aber auch diese Kostensenkung möglich zu machen, indem es den Arbeitnehmer der permanenten Drohung des Arbeitsplatzverlusts aussetzt. Die gesamte Welt der materiellen und kulturellen, öffentlichen wie privaten Produktion wird auf diese Weise in einen breitgefächerten Prekarisierungsstrom hineingezogen, was sich beispielsweise an der *Entterritorialisierung bzw. Standortunabhängigkeit des Unternehmens* zeigen läßt: Die Verbindung, die bisher zwischen ihm und einem Nationalstaat oder einem Ort (z.B. Detroit oder Turin für die Autoindustrie) existierte, löst sich nun zunehmend mit dem Aufkommen sogenannter »Netzwerk-Unternehmen« auf, die sich durch die Verknüpfung von Produktionssegmenten, technologischem Wissen, Kommunikationsnetzwerken, sowie durch geographisch weit verstreute Ausbildungswege über einen ganzen Kontinent oder gar den gesamten Globus erstrecken können.

Durch die Erleichterung oder gar Organisierung der Kapitalmobilität und durch die »Produktionsverlagerung« in Billiglohnländer, in denen die Arbeitskosten niedriger liegen, hat man die Ausweitung der Konkurrenz zwischen den Arbeitnehmern auf Weltmaßstab möglich gemacht. An die Stelle des an einen nationalen Kontext gebundenen oder gar verstaatlichten Unternehmens, dessen Konkurrenzgebiet sich mehr oder weniger genau mit dem Staatsgebiet deckte und das sich Märkte im Ausland erkämpfte, ist das multinationale Unternehmen getreten, das die Arbeitnehmer nicht mehr nur der Konkurrenz mit ihren Landsleuten oder gar, wie Demagogen glauben machen wollen, mit den auf dem eigenen Staatsgebiet niedergelassenen Ausländern aussetzt, die ja ganz offenkundig die ersten Opfer der Prekarisierung sind, sondern in Wirklichkeit mit den zur Annahme von Elendslöhnen gezwungenen Arbeitern vom andern Ende der Welt.

Die Prekarität ist Teil einer neuartigen *Herrschaftsform,* die auf der Errichtung einer zum allgemeinen Dauerzustand gewordenen Unsicherheit fußt und das Ziel hat, die Arbeitnehmer zur Unterwerfung, zur Hinnahme ihrer Ausbeutung zu zwingen. Zur Kennzeichnung dieser Herrschaftsform, die, obschon sie in ihren Auswirkungen stark dem wilden Kapitalismus aus den Frühzeiten der Industrialisierung ähnelt, absolut beispiellos ist, hat in dieser Runde jemand das treffende und aussagekräftige Konzept der *Flexploitation* vorgeschlagen. Dieser Begriff veranschaulicht sehr treffend den zweckrationalen Gebrauch, der von der Unsicherheit gemacht wird. Indem man, besonders über eine konzertierte Manipulierung der Produktionsräume, die Konkurrenz zwischen den Arbeitnehmern in den Ländern mit den bedeutendsten sozialen Errungenschaften und der bestorganisierten gewerkschaftlichen Widerstandskraft – lauter an ein Staatsgebiet und eine nationale Geschichte gebundene Eigenschaften – und den Arbeitnehmern in den, was soziale Standards anbelangt, am wenigsten entwikkelten Ländern anheizt, gelingt es dieser Unsicherheit, unter dem Deckmantel vermeintlich naturgegebener Mechanismen, die sich dadurch schon selbst rechtfertigen, die Widerstände zu brechen und Gehorsam und Unterwerfung durchzusetzen. Die von der Prekarität bewirkten Dispositionen der Unterwerfung bilden die Voraussetzung für eine immer »erfolgreichere« Ausbeutung, die auf einer Spaltung zwischen einerseits der immer größer werdenden Gruppe derer, die nicht arbeiten, und andererseits der immer kleiner werdenden Gruppe derer, die immer mehr arbeiten, fußt. Bei dem, was man ständig als ein von den unwandelbaren »Naturgesetzen« des Gesellschaftlichen regiertes Wirtschaftssystem hinstellt, scheint es sich meines Erachtens in Wirklichkeit vielmehr um eine *politische Ordnung* zu handeln, die nur mittels der aktiven oder passiven Komplizenschaft der im eigentlichen Sinne politischen Mächte errichtet werden kann.

Gegen diese politische Ordnung kann ein politischer Kampf geführt werden. Und er kann sich, ähnlich wie karitative oder militant-karitative Bewegungen, zunächst zum Ziel setzen, die Opfer der Ausbeutung, all die gegenwärtig oder potentiell Prekarisierten zu ermutigen, gemeinsam gegen die zerstörerischen Wirkungen der Prekarität anzugehen (indem man ihnen hilft zu leben, »durchzuhalten«, einen aufrechten Gang und Würde zu bewahren, der Zersetzung und dem Verfall ihres Selbstbildes, der Entfremdung zu widerstehen). Darüber hinaus sollten sie vor allem auch ermutigt werden, sich auf *internationaler Ebene*, also auf derselben Ebene, auf der auch die Folgen der Prekarisierungspolitik wirksam werden, mit dem Ziel zu mobilisieren, diese Politik zu bekämpfen und die Konkurrenz zu neutralisieren, die sie zwischen den Arbeitnehmern erzeugen will. Der politische Kampf kann aber auch versuchen, die Arbeitnehmer der Logik früherer Kämpfe mit ihrer Forderung nach Arbeit oder besseren Arbeitslöhnen zu entreißen, weil sich diese Logik einzig und allein auf die Arbeit versteift und dadurch sozusagen die Ausbeutung (oder *Flexploitation*) zuläßt. An deren Stelle könnte eine Umverteilung der Arbeit (z.B. über eine massive Verkürzung der wöchentlichen Arbeitszeit auf europäischer Ebene) treten, eine Umverteilung, die untrennbar mit einer Neudefinition des Verhältnisses zwischen der Zeit der Produktion und der Zeit der Reproduktion, der Erholung und der Freizeit verknüpft wäre.

Eine solche Revolution müßte mit dem Verzicht auf die ausschließlich berechnende und individualistische Sichtweise beginnen, welche den handelnden Menschen auf ein kalkulierendes Wesen reduziert, das nur mit der Lösung von Problemen rein ökonomischer Art im engsten Sinn des Wortes befaßt ist. Damit das Wirtschaftssystem funktionieren kann, müssen die Arbeitnehmer ihre eigenen Produktions- und Reproduktionsbedingungen, aber auch die Bedingungen für das Funktionieren des Wirtschaftssystems selbst einbringen, angefangen bei ihrem Glauben an das Unternehmen, an die Arbeit, an die Notwendigkeit der Arbeit usw. All diese Dinge klammern die orthodoxen Ökonomen a priori aus ihren abstrakten und verstümmelten Berechnungen aus und überlassen so die Verantwortung für die Produktion und Reproduktion all der verborgenen ökonomischen und sozialen Voraussetzungen für das Funktionieren der Wirtschaft, wie sie sie kennen, stillschweigend den Individuen oder paradoxerweise dem Staat, dessen Zerstörung sie im übrigen predigen.

Grenoble, Dezember 1997

## Die Arbeitslosenbewegung – ein gesellschaftliches Wunder[1]

DIESE ARBEITSLOSENBEWEGUNG IST ein einzigartiges, ein außergewöhnliches Ereignis. Entgegen dem, was uns in den Zeitungen oder in den Rundfunk- und Fernsehnachrichten bis zum Überdruß wieder und wieder vorgesetzt wird, ist dieser *französische Sonderfall* etwas, worauf wir stolz sein können. Sämtliche wissenschaftlichen Arbeiten haben nämlich gezeigt, daß Arbeitslosigkeit die von ihr Betroffenen kaputt macht, daß sie ihre Widerstandskraft und ihre subversiven Neigungen zunichte macht. Wenn dieser Fatalismus nun hat vereitelt werden können, so geschah das dank der unermüdlichen Arbeit von einzelnen und von Vereinigungen, welche die Bewegung ermuntert, unterstützt und organisiert haben. Ich komme nicht umhin, den Umstand als befremdlich zu empfinden, daß politische Verantwortungsträger der Linken und Gewerkschafter gerade da Manipulation anprangern (wobei sie sich der frühe-

---

1 Rede vom 17. Januar 1998 anläßlich der Besetzung der *Ecole normale supérieure* (bildet den Akademikernachwuchs vor allem in den geistes- und mathematisch-naturwissenschaftlichen Disziplinen aus, A.d.Ü.) durch die Arbeitslosen. Aus dem Französischen übertragen von Andreas Pfeuffer.

ren Redeweise der Arbeitgeber gegen die damals entstehenden Gewerkschaften bedienen), wo sie doch eigentlich der Arbeit von politisch engagierten Menschen Anerkennung zollen müßten. Ohne die hätte es ja bekanntermaßen nie irgend etwas gegeben, was auch nur im entferntesten nach einer sozialen Bewegung aussieht. Mir für meinen Teil ist es wichtig, meine Bewunderung und meine Dankbarkeit all denen gegenüber zum Ausdruck zu bringen – und das um so mehr, als mir ihr Vorhaben oft so aussichtslos vorgekommen ist –, die in den Gewerkschaften und den in den »Generalständen für die soziale Bewegung« organisierten Vereinigungen das ermöglicht haben, was wirklich ein *gesellschaftliches Wunder* darstellt, dessen positive Wirkungen und Segnungen sich uns wohl noch auf lange hin offenbaren werden.

Die wichtigste Errungenschaft dieser Bewegung ist die Bewegung selbst, ihre Existenz als solche: sie entreißt die Arbeitslosen und mit ihnen die von Tag zu Tag zunehmende Zahl der prekär Beschäftigten der Unsichtbarkeit, der Isolation, dem Schweigen, kurz: dem Nichts. Durch ihr Auftreten in aller Öffentlichkeit verhelfen die Arbeitslosen sich selbst und all den Männern und Frauen, die durch die Beschäftigungslosigkeit gewöhnlich dem Vergessen und der Scham preisgegeben sind, zur Existenz und zu einem gewissen Stolz. Doch rufen sie vor allem in Erinnerung, daß Massenarbeitslosigkeit und die Bedrohung, die sie auf alle ausübt, die noch Arbeit haben, eine der Grundlagen unserer Wirtschafts- und Sozialordnung darstellt. Weit davon entfernt, sich in einer nur auf die eigenen Interessen bedachten Bewegung nach außen hin abzuschotten, weisen sie statt dessen darauf hin, daß es zwar durchaus solche und solche Arbeitslose gibt, jedoch die Unterschiede zwischen *RMI*-Empfängern[1], Arbeitslosen, deren Anspruch auf Arbeitslo-

1 A.d.Ü.: RMI *(Revenue minimum d'insertion)*: Mindesteinkommen zur beruflichen und sozialen Eingliederung.

sengeld ausgelaufen ist, und solchen, die Arbeitslosenhilfe[1] beziehen, auch nicht wesentlich anders geartet sind als diejenigen zwischen den Arbeitslosen und prekär Beschäftigten. Eine Grundtatsache, die man nur allzu leicht aus dem Blick verliert, wenn man ausschließlich die »kategoriellen« Forderungen (wenn man so sagen darf!) der Arbeitslosen betont, anhand derer sie von den Beschäftigten getrennt werden können, insbesondere von den Beschäftigten, die sich in einer ganz prekären Lage befinden und sich völlig vergessen vorkommen können.

Zudem lassen die Arbeitslosigkeit und die Arbeitslosen der Arbeit und den Arbeitenden keine Ruhe. Selbst wenn zwischen Zeitarbeitern, Aushilfs- und Vertretungskräften, unregelmäßig Beschäftigten, Inhabern von befristeten Arbeitsverträgen und Leiharbeitern in Industrie, Handel, Bildungs- und Erziehungswesen, Theater oder Kino untereinander und im Vergleich zu den Arbeitslosen immense Unterschiede bestehen können, leben sie doch ständig in Angst vor Arbeitslosigkeit und oft auch mit der drohenden Erpressung, die dadurch auf sie ausgeübt werden kann. Die Prekarität ermöglicht neue Herrschafts- und Ausbeutungsstrategien. Diese beruhen auf der Entlassungsandrohung, die heutzutage auf allen Hierarchiestufen in den privaten und sogar den öffentlichen Unternehmen zur Ausübung kommt. Sie erlegt der gesamten Arbeitswelt, insbesondere im Bereich der Kulturproduktion, eine erdrückende Zensur auf, welche eine Mobilisierung und das Vorbringen von Forderungen untersagt. Durch die Arbeitslosigkeit wurde die allgemeine Verschlechterung der Arbeitsbedingungen möglich gemacht oder sogar gefördert, und gerade weil sie eine dunkle Ahnung davon haben, fühlen und erklären sich so viele

1 A.d.Ü.: *Allocation spécifique de solidarité:* Staatsfinanzierte Leistung für Arbeitslose, deren Anspruch auf beitragsbezogene Leistungen erloschen ist oder die aus anderen Gründen keine Versicherungsleistungen mehr erhalten.

Franzosen mit einem Kampf wie dem der Arbeitslosen solidarisch. Daher kann man behaupten – und dies ist kein bloßes Wortspiel –, daß die Mobilisierung derjenigen, deren Existenz zweifelsohne der Hauptgrund für die Demobilisierung ist, nun auf eine ganz außergewöhnliche Weise zur Mobilisierung und zu einem Bruch mit dem politischen Fatalismus ermutigt.

Die französische Arbeitslosenbewegung bedeutet auch einen Aufruf an alle Arbeitslosen und prekär Beschäftigten in ganz Europa; ein neuartiger subversiver Gedanke ist aufgekommen, und er kann zu einem Kampfwerkzeug werden, mit dem sich jede nationale Bewegung rüsten kann. Die Arbeitslosen rufen allen Beschäftigten ins Gedächtnis, daß sie gemeinsame Interessen mit den Arbeitslosen haben; daß die Arbeitslosen, deren Vorhandensein so sehr auf ihnen und ihren Arbeitsbedingungen lastet, das Erzeugnis einer Politik sind; daß eine Mobilisierung, die die Demarkationslinie zwischen den Beschäftigten und den Erwerbslosen eines jeden Landes, aber auch zwischen der Gesamtheit der Beschäftigten und Erwerbslosen eines Landes und den Beschäftigten und Erwerbslosen der anderen Länder zu überwinden vermag, einer Politik entgegenarbeiten könnte, die bewirkt, daß die Erwerbslosen all die Menschen zum Schweigen und zur Resignation verurteilen können, die noch das ungewisse »Privileg« einer mehr oder weniger prekären Arbeit haben.

Paris, Januar 1998

## Der negative Intellektuelle[1]

ALL DIEJENIGEN, DIE jahrelang und Tag für Tag für die algerischen Flüchtlinge da waren, die ihnen zugehört und bei der Abfassung von Lebensläufen und dem Schriftverkehr mit den Behörden geholfen haben, sie bei Gängen zu den Ministerien und vor Gericht begleitet haben, für sie bei den zuständigen Stellen vorstellig geworden sind, um Visa, Bewilligungen und Aufenthaltsgenehmigungen nachgesucht haben, die sich sofort nach den ersten Mordanschlägen im Juni 1993 mit dem Ziel mobilisiert haben, nicht nur soviel Hilfe und Schutz als möglich zu bieten, sondern auch sich und andere zu informieren, um eine komplexe Realität zu verstehen und begreiflich zu machen, all diejenigen, die mit öffentlichen Stellungnahmen und auf Pressekonferenzen unermüdlich dafür gekämpft haben, die einseitige Betrachtungsweise der algerischen Krise zu korrigieren, all diejenigen Intellektuellen aus der ganzen Welt, die sich zusammengetan haben, um die Gleichgültigkeit oder den Fremdenhaß zu bekämpfen und den Respekt vor der Vielfalt der Welt anzumahnen, indem sie das konfuse Gedanken-

1 Dieser Text wurde im Januar 1998 verfaßt und wird hier erstmals veröffentlicht. Aus dem Französischen übertragen von Jörg Ohnacker.

gut klären, das von gewisser Seite bewußt genährt wird, haben plötzlich festgestellt, daß all ihre Bemühungen durch einige wenige Ereignisse zunichte gemacht werden konnten:

- Zwei Artikel[1], die anläßlich einer eskortierten, vorprogrammierten, festgelegten und von den algerischen Behörden oder der Armee beaufsichtigten Reise geschrieben und dann von den bedeutendsten französischen Tageszeitungen veröffentlicht wurden, obwohl sie vor Platitüden und Fehlern strotzen und eine einseitige Schlußfolgerung nahelegen, die dazu geeignet ist, das oberflächliche Mitgefühl und den als humanistische Empörung verschleierten Rassenhaß zu bedienen;
- eine einmütige Versammlung, bei der sich die Creme der Medienintelligenz mit Politikern jeglicher Couleur, vom orthodoxen Liberalen über die leidenschaftlichen Vertreter der »Ausmerzung« bis hin zum opportunistischen Ökologen trifft;
- eine absolut einseitige Fernsehsendung, die den Anschein der Neutralität erwecken will.

Und das Spiel ist gemacht. Der Zähler ist wieder auf Null gestellt. Der negative Intellektuelle hat seine Aufgabe erfüllt: wer will sich schon mit Mördern und Vergewaltigern solidarisieren, vor allem, wenn es sich um Leute handelt, die ohne weitergehende historische Betrachtung als »Fanatiker des Islam« bezeichnet werden, wobei der geschmähte Begriff des Islam alle Arten des orientalischen Fanatismus zusammenfaßt und dem rassistischen Mißtrauen ein unerschütterliches Alibi für ethische und laizistische Legitimität liefert!

Man muß kein großer Intellektueller sein, um das Problem auf diese karikaturistische Weise darzustellen. Dennoch wird der Veranstalter dieser etwas zweideutigen Unternehmung, die

1 Es handelt sich um zwei Artikel von Bernard-Henri Lévy, die in *Le Monde* erschienen sind.

eine absolute Antithese dessen darstellt, was den Intellektuellen ausmacht, nämlich die Freiheit gegenüber der Staatsmacht, die Kritik der hergebrachten Ideen, die Verwerfung simplifizierender Schwarz-weiß-Schemata und die Rekonstruktion der anvisierten Probleme in ihrer ganzen Komplexität, von den Journalisten als Intellektueller reinsten Wassers verherrlicht.

Trotz allem kenne ich alle möglichen Menschen, die sich all dessen ganz und gar bewußt sind, die sich hundertmal an diesen Widerständen gestoßen haben und die, jeder in seinem Rahmen und mit seinen Mitteln, immer wieder aufs neue handeln, auch wenn ihre Aktionen ständig der Gefahr ausgesetzt sind, durch eine nachlässige, oberflächliche oder böswillige Berichterstattung zunichte gemacht zu werden oder, falls sie Erfolg haben, von Opportunisten oder Trittbrettfahrern benutzt zu werden; Menschen, die weiterhin hartnäckig Richtigstellungen, Widerlegungen oder Dementis veröffentlichen, die dann im unaufhaltbaren Strom medialer Geschwätzigkeit untergehen, und die, wie das Beispiel der Arbeitslosenbewegung zeigt (das Ergebnis einer Arbeit im Verborgenen, die manchmal so hoffnungslos war, daß sie oft wie ein l'art pour l'art der Politik wirkt), davon überzeugt sind, daß man im Lauf der Zeit den Stein des Sisyphus ein Stück voranbewegen kann, ohne daß er wieder zurückrollt.

Denn unterdessen haben die politisch »Verantwortlichen« (die sich gut darauf verstehen, soziale Bewegungen, die dazu beigetragen haben, sie an die Macht zu bringen, zu neutralisieren) weiterhin Tausende von Menschen »ohne Papiere« im Wartestand belassen oder sie rücksichtslos in das Land abgeschoben, aus dem sie geflohen sind, ein Land, das auch Algerien heißen kann.

Paris, Januar 1998

## Der Neoliberalismus. Eine Utopie grenzenloser Ausbeutung wird Realität[1]

IST DIE WELT der Wirtschaft tatsächlich, wie es der herrschende Diskurs will, eine reine und vollkommene Ordnung, deren Logik sich unerbittlich ihren Weg bahnt? Die jede Übertretung ihrer Gesetze unverzüglich bestraft, ob nun auf dem Markt selbst, oder, in Ausnahmefällen, durch seinen bewaffneten Arm, den IWF oder die OECD und ihre drastische Politik, Senkung der Lohnkosten, Kürzung der öffentlichen Ausgaben, Aufhebung der Arbeitsbeschränkungen? Was aber, wenn wir in Wahrheit nichts anderes vor uns hätten als die *politische Umsetzung* einer Utopie, der des Neoliberalismus, einer Utopie allerdings, die sich, im Windschatten der theoretischen Ökonomie, mittlerweile als wissenschaftliche Beschreibung der Wirklichkeit zu gebärden versteht?

Doch diese ökonomische Theorie ist eine bloße mathematische Fiktion. Sie beruht von Beginn an auf der kolossalen Abstraktion (die dadurch nicht geringer wird, daß man, wie es die Ökonomen tun, die jedem wissenschaftlichen Unternehmen vorausgehende Konstruktion der Gegenstände als bewußt selektive Erfassung des Wirklichen ausgibt), im Namen einer

1 Aus dem Französischen übertragen von Stephan Egger.

ebenso verengten wie unbeirrbaren, nämlich der individualistischen Auffassung von Rationalität, alle ökonomischen und sozialen Bedingungen auszuklammern, die nicht nur das menschliche Zweckdenken bestimmen (insbesondere die berechnende Haltung den Wirtschaftsdingen gegenüber, die Grundlage der neoliberalen Weltsicht ist), sondern auch seine Ausübung, oder genauer, die Produktion und Reproduktion ihrer inneren und äußeren Voraussetzungen. Um das ganze Ausmaß dieser Lücke zu veranschaulichen, genügt schon ein Blick auf das Bildungswesen. Die ökonomische Theorie weigert sich, es *als solches* in Rechnung zu stellen, und das in einer Zeit, die ihm bei der Produktion von Gütern und Diensten eine ebenso entscheidende Bedeutung zukommen läßt wie bei der Produktion der Produzenten selbst. Aus diesem Geburtsfehler, der auf immer in den walrasschen Mythos[1] von der »reinen Theorie« eingeschrieben bleibt, ergeben sich alle Mängel und Versäumnisse der ökonomischen Disziplin und eine verhängnisvolle Halsstarrigkeit, mit der sie sich an jenen völlig willkürlichen Gegensatz klammert, den sie selbst erst zur Welt bringt, den Gegensatz zwischen einer ganz eigenen, wirtschaftlichen Logik des Wettbewerbs und der Wirtschaftlichkeit, und einer gesellschaftlichen Logik, die sich den Regeln der Gerechtigkeit unterwirft.

Diese von Grund auf ungesellschaftliche und geschichtsvergessene »Theorie« verfügt heute mehr als je zuvor über die Mittel, *sich wahr zu machen*, tatsächlich nachweisbar. Denn der neoliberale Diskurs ist nicht wie alle anderen. Er gleicht vielmehr dem psychiatrischen Diskurs in der Anstalt, ein »starker Diskurs«, wie Erving Goffman es genannt hat, der nur deshalb so mächtig und so schwer zu bekämpfen ist, weil er alle Kräfte in

1 A.d.Ü.: Marie Esprit Léon Walras (1834–1910), schweizer Volkswirtschaftler, Professor in Lausanne, mit Jevons und Menger einer der Begründer der Grenznutzenlehre und einer mathematisch gefaßten Theorie des wirtschaftlichen Gleichgewichts.

einer Welt der Kräftebeziehungen für sich hat, zu deren Schaffung als solcher er beiträgt, weil er die Entscheidungen derjenigen ausrichtet, die die wirtschaftlichen Beziehungen beherrschen und ihnen derart seine eigentümliche, ganz symbolische Macht hinzufügt.[1] Im Namen dieses zum politischen Aktionsprogramm gewandelten wissenschaftlichen Ansatzes vollzieht sich eine ungeheure *politische Arbeit*, die darauf zielt, die Betriebsbedingungen dieser »Theorie« herzustellen: es ist ein *Programm der planmäßigen Zerstörung der Kollektive* (die neoklassische Ökonomie kennt nur Individuen, ob es sich nun um Unternehmen, Gewerkschaften oder Familien handelt).

Denn der Weg zu einer neoliberalen Utopie des reinen und vollkommenen Marktes, wie ihn die Politik der Deregulierung der Finanzmärkte ermöglicht hat, vollzieht sich im Rahmen einer transformatorischen, oder, um es beim Namen zu nennen, einer *destruktiven* Arbeit, die mit allen politischen Mitteln (jüngst das multilaterale Abkommen über internationale Investitionsbedingungen, MAI, mit dem ausländische Unternehmen gegen den Zugriff der Nationalstaaten geschützt werden sollen) versucht, sämtliche *kollektiven Strukturen in Frage zu stellen*, die der Logik des reinen Marktes irgendwelche Steine in den Weg legen können: den *Nationalstaat*, dessen Handlungsspielraum unaufhörlich schwindet; die *Lohngruppen*, ihre Einheitsentgelte und Beförderungsverfahren, deren Auflösung die Arbeiter immer stärker vereinzelt; *Verteidigungsgemeinschaften* der Arbeiterrechte, Gewerkschaften, Berufsverbände, Genossenschaften; selbst die *Familien*, denen mit der Ausbildung von altersabhängigen Märkten ein Teil ihrer Handhabe als Verbrauchsgemeinschaft entgleitet. Das neoliberale Programm bezieht seine soziale Macht aus der politisch-ökonomischen Macht eben jener, deren Interessen es ausdrückt, der Aktionäre, Fi-

---

1 E. Goffman, *Asyle. Über die soziale Situation psychiatrischer Patienten und anderer Insassen*, Frankfurt, Suhrkamp 1974.

nanzleute, Industriellen, der konservativen oder sozialdemokratischen Politiker, bekehrt zu einer beruhigenden Abdankung an den Laisser-faire, der hohen Finanzbeamten, die um so leidenschaftlicher eine Politik verfolgen, die ihre eigene Entlassung predigt, je weniger sie, wie die Unternehmensangestellten, Gefahr laufen können, deren mögliche Folgen zu bezahlen. Und begünstigt weltweit einen immer tieferen Schnitt zwischen dem Wirtschaftsleben und den gesellschaftlichen Tatsachen, mit dem, tatsächlich, ein ökonomisches Regime emporwächst, das mit seiner theoretischen Beschreibung übereinstimmt – es wird eine Art logische Maschine, die sich als Kette von Sachzwängen darstellen kann, von der die ökonomischen Akteure mitgerissen werden.

Die Globalisierung der Finanzmärkte und gleichzeitig der Fortschritt der Informationstechniken gewährleisten eine nie dagewesene Kapitalmobilität und geben dabei Investoren (oder Aktionären), denen es allein um die kurzfristige Rentabilität ihrer Anlagen geht, alle Möglichkeiten an die Hand, jederzeit die Ertragslage der größten Unternehmen zu vergleichen und Mißerfolge umgehend zu bestrafen. Unter dieser ständigen Drohung müssen sich die Unternehmen immer schneller auf die Erfordernisse der Märkte einstellen, wollen sie nicht, wie es heißt, das »Vertrauen« dieser Märkte verlieren, letztlich die Unterstützung jener Aktionäre, deren kurzfristige Rentabilitätserwartungen die *manager* immer mehr unter Zugzwang setzen, zum Maßstab der Unternehmenspolitik werden, bei Einstellung, Beschäftigung und Entlohnung. Und so schwingt sich die unumschränkte Herrschaft der Flexibilität empor, eine der befristeten Arbeitsverhältnisse, der Leiharbeit, der »Sozialpläne«, trägt den Wettbewerb in die Unternehmen selbst, zwischen unabhängigen Zweigstellen, Arbeitsgruppen, zuletzt eines jeden gegen den anderen, den die *Individualisierung* der Beschäftigungsverhältnisse mit sich bringt: individuelle Zielvorgaben, individuelle Bewertungsverfahren, individuelle Lohnerhöhungen oder Leistungszuschläge, individuelle Beförderungen; Strategien der »Delegation von Verantwortung«, die die Selbstausbeutung der Angestellten gewährleisten sollen, Beschäftigte, die zwar wie einfache Lohnempfänger in einem streng hierarchischen Abhängigkeitsverhältnis stehen, gleichzeitig aber für ihre Verkaufszahlen, ihre Außenstelle, ihr Geschäft verantwortlich gemacht werden wie »Selbständige«; eine »Selbstkontrolle«, die ihre »Einbeziehung« der Beschäftigten nach allen Regeln des »partizipativen Managements« auch über die Angestelltenschaft hinaus greifen läßt – alles rationale Unterwerfungstechniken, die unter massiven Investitionen in Arbeit, nicht nur im Bereich der Führungskräfte, zuletzt um eine Schwächung oder Beseitigung des kollektiven Zusammenhalts und kollektiver Solidaritäten wetteifern.[1]

Die Einrichtung einer darwinschen Welt, in der die Bindung an Arbeit und Unternehmen ihren Antrieb schließlich der Unsicherheit, dem Leiden und *stress* verdankt,[2] könnte zweifellos nicht so erfolgreich sein, wenn sie nicht die Komplizenschaft jener *prekarisierten Habitus* fände, die eine solche Unsicherheit ständig erzeugt, die Existenz einer auf jeder Ebene, selbst in den höchsten Stellungen *durch Prekarisierung gefügig gemachten Reservearmee*, und mit ihr die dauernde Drohung der Arbeitslosigkeit. Denn letzte Grundlage dieser ganzen wirtschaftlichen Ordnung, die sich auf die Freiheit des Einzelnen beruft, ist tatsächlich die *strukturale Gewalt* der Arbeitslosigkeit, der Verunsicherung, der *Angst* vor Entlassung: die Bedingun-

1 In diesem Zusammenhang sei auf die beiden Nummern von *Actes de la recherche en sciences sociales* verwiesen, die sich mit den »Nouvelles formes de domination dans le travail« beschäftigen, 114, September 1996, und 115, Dezember 1996, insbesondere die Einführung von Gabrielle Balazs und Michel Pialoux, »Crise du travail et crise du politique«, 114, S. 3–4.

2 C. Dejours, *Souffrance en France. La banalisation de l'injustice sociale*, Paris, Editions du Seuil, 1997.

gen des »harmonischen« Funktionierens des individualistischen Modells der Mikroökonomie und die individuelle »Motivation« zur Arbeit beruhen ganz auf einem Massenphänomen, der Existenz einer Reservearmee von Arbeitslosen. Einer Armee, die keine ist, weil Arbeitslosigkeit isoliert, atomisiert, individualisiert, demobilisiert und entsolidarisiert.

Diese strukturale Gewalt zieht sich bis in den Bereich des sogenannten Arbeitsvertrags (den die »Vertragstheorie« geschickt zu rationalisieren versteht). Nie zuvor hat der unternehmerische Diskurs so oft von Vertrauen, Zusammenarbeit, Verläßlichkeit, von Unternehmenskultur gesprochen wie in einer Zeit, in der das kurzfristige Einvernehmen einer jeden Arbeitskraft durch die Austilgung aller Sicherheiten erreicht wird (drei Viertel der Neuanstellungen sind zeitlich begrenzt, der Anteil unsicherer Beschäftigungen steigt unaufhörlich, der einzelnen Entlassung stehen immer weniger Beschränkungen im Wege). Ein Einvernehmen, das nicht anders als zwiespältig sein kann, weil Unsicherheit, Entlassungsangst, *downsizing*, Arbeitslosigkeit vor allem Furcht, Enttäuschung und Anpasserei hervorbringen (und in weit größerem Umfang, als ihn die Managementliteratur festgestellt und beklagt hat). In dieser ruhelosen Welt, einer Welt ohne eigenen dauerhaften Maßstab, sind die Beherrschten wie zu Tieren des kartesianischen Universums herabgesunken: sie sind ihrer Entscheidungsfreiheit, der Verantwortlichkeit einer »Selbstschöpfung« ihrer Existenz enthoben – Fabrikschließungen, Investitionsrückgänge, Produktionsverlagerungen zeigen das tagtäglich.

Das tiefe Gefühl der Unsicherheit, die Zukunftsangst und Selbstzweifel der Arbeiter verdanken ihr besonderes Gepräge nicht zuletzt der Tatsache, daß der Teilungsmaßstab zwischen den Beschäftigungslosen und den Stelleninhabern in einer *schulisch garantierten Befähigung* zu liegen scheint, die auch im Industrieunternehmen selbst die Grenzen absteckt, zwischen Angestellten und »Technikern« und den einfachen Arbeitern oder Angelernten, den neuen Parias der industriellen Ordnung. Die Ausbreitung der Elektronik und Informatik und ihrer Leistungsanforderungen, die alle Angestellten zur Weiterbildung zwingt und so innerhalb des Unternehmens eine Entsprechung der Schulabschlüsse verlängert, geht immer mehr dahin, das allgegenwärtige Gefühl der Unsicherheit durch ein geschickt entlang der Betriebshierarchie befördertes Gefühl der *Unwürdigkeit* zu verstärken. Die Berufsordnung und zunehmend die gesamte Gesellschaftsordnung scheint nun auf einer Ordnung der »Kompetenzen« und »Intelligenzen« zu beruhen. Mehr vielleicht als die technischen Manipulationen der Arbeitsbeziehungen und jene speziell auf das Erreichen von Unterordnung und Fügsamkeit hin geplanten und unentwegt verbesserten Strategien, mehr als die enormen Investitionen an Personal, Zeit, Forschung und Arbeit, die ständige Erfindung neuer Führungsformen und neuer Herrschaftstechniken, ist es der Glaube in die Hierarchien schulisch bestätigter Fähigkeiten, der Zucht und Ordnung im Privatunternehmen begründet, und immer mehr auch im öffentlichen Dienst: verdammt dazu, sich im Verhältnis zum großen Schuladel zu denken, der mit den Führungsaufgaben betraut ist, und zum Kleinadel der Angestellten und Techniker, einem Adel auf Abruf, der sich immer wieder *beweisen muß*, können die Arbeiter, in ihrer andauernden Schwebelage, bedroht vom Abstieg in die Unwürdigkeit der Stellensuchenden, nur ein enttäuschtes Bild von sich und ihresgleichen gewinnen; ehemals Grundlage eines eigenen Stolzes, verwurzelt in besonderen Traditionen, gefestigt und stark durch ein ganzes technisches und politisches Erbe, ist die Gruppe der Arbeiter, sofern es sie als solche überhaupt noch gibt, immer mehr der Mutlosigkeit überlassen, einer Entwertung und politischen Ernüchterung ausgesetzt, die im Militantismus oder, schlimmer noch, im hoffnungslosen Gefolge der Schlagworte eines faschistoiden Extremismus ihre Verlängerung findet.

Man sieht hier, wie die neoliberale Utopie zu einer Art

fleischgewordener Höllenmaschine wird, deren Befehlen selbst die Herrschenden zu gehorchen haben – manchmal durchsetzt, wie bei George Soros und diesem oder jenem Vorstandsvorsitzenden eines Pensionsfonds, von einer gewissen Beunruhigung über die zerstörerischen Wirkungen ihrer eigenen Herrschaft, oder von kompensatorischen Akten, der Spendenfreudigkeit eines Bill Gates etwa, die doch von einer Logik beseelt sind, welche sie dauernd aufzuheben suchen. Wie der Marxismus früher, mit dem sie in dieser Hinsicht vieles gemein hat, stiftet diese Utopie einen ungeheuren Glauben, den *free trade faith*, nicht nur bei jenen, die davon tatsächlich leben, bei den Finanzleuten und Großunternehmern, sondern auch bei den höheren Beamten und Politikern, die im Namen der Wirtschaftlichkeit die Macht der Märkte heiligen, die eine Beseitigung administrativer oder politischer Hürden fordern, eine Aufhebung der Hindernisse für rein persönliche Bestrebungen individueller Profitmaximierung, mit dem man heute jede Rationalität gleichsetzt, die unabhängige Zentralbanken wollen, die eine Unterordnung der Nationalstaaten unter die Erfordernisse wirtschaftlicher Freiheit predigen, einer Freiheit für die Meister der Ökonomie, und die Abschaffung aller bändigenden Regeln auf allen möglichen Märkten, angefangen beim Arbeitsmarkt, die Rückführung staatlicher Defizite und Unterbindung volkswirtschaftlicher Inflationsneigungen, die umfassende Privatisierung öffentlicher Dienste, die Beschneidung öffentlicher und sozialer Ausgaben.

Ohne notwendig die ökonomischen und sozialen Interessen der wahren Gläubigen zu teilen, haben die Ökonomen genug spezifische Interessen auf dem Feld ihrer Wissenschaft, um einen entscheidenden Beitrag zur Produktion und Reproduktion dieses Glaubens in die neoliberale Utopie zu leisten. Wie immer auch ihre Haltung zu den ökonomischen und sozialen Auswirkungen dieser Utopie sein mag, die sie in mathematische Vernunft zu kleiden glauben – ihr gesamtes Dasein, vor allem aber die meist rein abstrakte, theoretische, ganz und gar weltferne Ausbildung, bringt, wie zu anderen Zeiten in der Philosophie, eine besondere Neigung hervor, die Dinge der Logik mit der Logik der Dinge zu verwechseln. Tief überzeugt von Modellen, die nie auch nur in Verlegenheit kamen, sich einer experimentellen Prüfung unterziehen zu müssen, mit ihrer eingefleischten Überheblichkeit angesichts der Erkenntnisse anderer historischer Wissenschaften, denen die Reinheit und kristalline Transparenz der eigenen mathematischen Spiele zu fehlen scheint und deren echten Nutzen und tiefe Komplexität sie meist unfähig sind zu verstehen, wirken sie an einem ungeheuren ökonomischen und sozialen Wandel mit, und selbst wenn einige seiner Folgen beunruhigend sein mögen (auch Mitglieder der sozialistischen Partei erteilen dann den Mächtigen gern kluge Ratschläge), kann er ihnen doch nicht völlig mißfallen, denn abgesehen von einigen Querschlägern, die dann »spekulativen Blasen« zugeschrieben werden, scheint er (wie bestimmte Formen des Wahnsinns) der ultra-konsequenten Utopie Recht zu geben, der sie ihr Leben geweiht haben.

Doch die Welt ist da, mit all den unübersehbaren Folgen jener Machtergreifung der großen neoliberalen Utopie: es ist nicht nur das Elend und Leiden immer breiterer Schichten in den reichsten Ländern der Erde, ein atemberaubender Anstieg der Einkommensunterschiede, der beschleunigte Niedergang der unabhängigen Kulturarbeit, im Film, im Verlagswesen, auf lange Sicht der kulturellen Errungenschaften selbst; sondern auch und ganz besonders die Zerstörung der kollektiven Instanzen, die den Auswirkungen dieser Höllenmaschine entgegenzuwirken fähig sind, an erster Stelle des Staates, jenes Treuhänders aller mit der Idee einer *Öffentlichkeit* verbundenen universellen Werte; schließlich die umfassende Durchsetzung jener Art von moralischem Darwinismus, der mit dem Kult des *winner*, einer Mischung aus höherer Mathematik und Tiefsprung am Gummiseil, den Kampf eines jeden gegen jeden ins

Recht setzt und den normativen *Zynismus* all seiner Praktiken. Und zuletzt bestätigt sich die neue, auf der Umwertung aller Werte errichtete Moralordnung durch jenes von den Medien nur zu bereitwillig verbreitete Schauspiel, in dem höchste Staatsvertreter ihre übliche Würde fahrenlassen, ein Schauspiel der Bücklinge vor den Chefs der Multinationalen, Daewoo oder Toyota, oder des Wetteifers um ein Lächeln, ein Zeichen des Einvernehmens von Bill Gates.

Läßt sich erwarten, daß die von einem solchen polit-ökonomischen Regime massenhaft hervorgebrachten Leiden irgendwann Grundlage einer Bewegung werden, die diesen Sturz in den Abgrund aufhalten könnte? Tatsächlich steht man hier vor einem erstaunlichen Paradox: während die noch bestehenden Hürden auf dem Weg zur Verwirklichung jener neuen Ordnung, der des einsamen, aber freien Individuums, heutzutage als engstirnig und gestrig gelten, während jeder klare und bewußte Eingriff des Staates unterschiedslos geächtet wird, immer unter dem Vorwand, daß ihn Beamte ausgebrütet hätten, die doch nur eigene Interessen verfolgten und von denen der Wirtschaft keine Ahnung hätten, während also letztlich der Staat unter einem reinen und namenlosen Mechanismus, dem Markt, zu verlöschen hat (und man geflissentlich verschweigt, daß auch er ein Ort der Durchsetzung von Interessen ist), hat man es tatsächlich dem Fortbestand, dem Überleben der zur Schleifung bestimmten alten Ordnung, ihren Institutionen und Akteuren zu verdanken, der Anstrengung aller möglichen sozialen Berufe und den ganzen gesellschaftlichen, familiären und anderen Solidaritäten, daß diese Ordnung trotz des wachsenden Umfangs der von ihr freigesetzten, der randständigen Bevölkerung nicht im Chaos versinkt. Der Übergang zum »Liberalismus« vollzieht sich unmerklich, wie die Kontinentaldrift, und er verstellt die Sicht auf seine langfristig so verheerenden Folgen, paradoxerweise unter Mithilfe jener Widerstände, die sie seit kurzem hervorrufen, Widerstände einer alten Ordnung, die immer mehr von ihren Rücklagen lebt, von verbindlichem Recht oder gewissen Praktiken der Sozialhilfe, von einem bestimmten Habitus (bei den Krankenpflegern, den Sozialarbeitern), von den sozialen Kapitalreserven also, die einen ganzen Bereich der gegenwärtigen sozialen Ordnung davor bewahren, in Anomie zu fallen (ein Kapital, das zum Aussterben verurteilt ist, wenn es nicht erneuert werden kann, mögen seine Reserven auch morgen noch nicht erschöpft sein).

Eben diese Kräfte der »Bewahrung« aber, die sich leicht als »konservative« Kräfte hinstellen lassen, können zu Kräften des *Widerstandes* gegen die Macht der neuen Ordnung werden, zu subversiven Kräften; vorausgesetzt, man versteht sich auf den ganz und gar symbolischen Kampf gegen die unausgesetzte Arbeit der neoliberalen »Denker«, ihre Entwertung und Anschwärzung jenes Erbes der Worte, der Überlieferungen und Vorstellungen, die sich mit den historischen Errungenschaften der großen sozialen Bewegungen in Vergangenheit und Gegenwart verbinden; vorausgesetzt auch, daß man die entsprechenden Institutionen, Arbeitsrecht, Sozialhilfe, Sozialversicherung, gegen den Versuch zu verteidigen in der Lage ist, sie als altertümlich, oder schlimmer und gegen jeden Augenschein, als unnütze und unannehmbare Sonderrechte darzustellen. Dieser Waffengang ist nicht der leichteste, und oft wird man gezwungen, ihn an vertauschten Frontverläufen auszufechten. Mit ihrem paradoxalen Programm einer *Subversion, die auf Restauration zielt,* haben die konservativen Revolutionäre leichtes Spiel, alle Verteidigungsstellungen als »reaktionär« zu brandmarken, die gegen ihre reaktionären Angriffe aufgebaut werden, gegen Vorstöße, die sich selbst als »revolutionär« gebärden; als überkommene Verteidigung von »Privilegien« alle Ansprüche und Widerstände zu verdammen, die in einer Berufung auf geschichtlich erworbene Rechte wurzeln, Rechte, die immer unverhohlener enteignet werden – man entläßt Gewerkschafter, oder weit radikaler: man feuert die Alten, die Hüter der Gruppentradition.

Wenn trotz all dem noch Hoffnung besteht, dann deshalb, weil in den staatlichen Institutionen und den Dispositionen ihrer Angehörigen (vor allem des kleinen Staatsadels, der am meisten an diesen Institutionen hängt) noch Kräfte schlummern, die als scheinbar letzte Verteidigung einer schwindenden Ordnung und ihrer »Privilegien« ihre Nagelprobe noch bestehen, an der Erfindung und Durchsetzung solch gesellschaftlicher Ordnungen arbeiten müssen, deren Gesetz nicht allein Eigennutz und Gewinnsucht sein kann; die solchen Gruppen Raum verschafften, deren Streben sich auf *kollektiv gefaßte und gebilligte Ziele* richtet. Und wie sollte man nicht dem Staat unter all den Kollektiven, den Verbänden, Gewerkschaften, Parteien, einen besonderen Platz einräumen müssen, dem Nationalstaat oder besser einem supranationalen Staat, dem europäischen (als Zwischenschritt auf dem Weg zum Weltstaat)? Einem Staat, der in der Lage wäre, die auf den Geldmärkten abgeschöpften Gewinne wirksam zu beaufsichtigen und nachhaltig zu besteuern. Der vor allem jenen zerstörerischen Wirkungen entgegensteuert, die sie auf den Arbeitsmärkten verbreiten. Der schließlich, gerade mit Unterstützung der Gewerkschaften, die Verteidigung eines *Allgemeinwohls* in die Hand nimmt, das niemals, ob man nun will oder nicht, und selbst wenn dabei gewisse Fehler in der mathematischen Schreibweise hingenommen werden müßten, auf jenes (in früheren Zeiten als »krämerisch« abgeurteilte) Wahnbild des Zählbaren hinauslaufen wird, das der neue Glaube als höchste Form menschlicher Erfüllung darstellt.

Paris, Januar 1998

Herausgegeben von Franz Schultheis und Louis Pinto
Lizenzausgabe für die Büchergilde Gutenberg,
Frankfurt am Main und Wien,
mit freundlicher Genehmigung
der UVK Universitätsverlag Konstanz GmbH
Titel der Originalausgabe: »Contre-feux«

Reihengestaltung: Klaus Detjen, Holm
Herstellung: Thomas Pradel, Frankfurt am Main
Satz: Dörlemann Satz, Lemförde
Druck und Bindung: Franz Spiegel Buch GmbH, Ulm
Printed in Germany 1999 · ISBN 3 7632 4866 8